AF441690

VIRGINIA WOOLF

CUENTOS QUE NO TE DEJARÁN EN PAZ

CUENTOS QUE NO TE DEJARÁN EN PAZ
VIRGINIA WOOLF

©Colección Erandique
Supervisión Editorial: Óscar Flores López
Diseño de portada: Andrea Rodríguez
Administración: Tesla Rodas
Director Ejecutivo: José Azcona Bocock

Primera Edición
Tegucigalpa, Honduras—Abril de 2026

LA CASA ENCANTADA

A cualquier hora que una se despertara, una puerta se estaba cerrando. De cuarto en cuarto iba, cogida de la mano, levantando aquí, abriendo allá, cerciorándose, una pareja de duendes.

«Lo dejamos aquí», decía ella. Y él añadía: «¡Sí, pero también aquí!». «Está arriba», murmuraba ella. «Y también en el jardín», musitaba él. «No hagamos ruido», decían, «o les despertaremos».

Pero no era esto lo que nos despertaba. Oh, no. «Lo están buscando; están corriendo la cortina», podía decir una, para seguir leyendo una o dos páginas más. «Ahora lo han encontrado», sabía una de cierto, quedando con el lápiz quieto en el margen.

Y, luego, cansada de leer, quizás una se levantara y fuera a ver por sí misma, la casa toda ella vacía, las puertas quietas y abiertas, y solo las palomas torcaces expresando con sonidos de burbuja su contentamiento, y el zumbido de la trilladora sonando allá, en la granja. «¿Por qué he venido aquí? ¿Qué quería encontrar?». Tenía las manos vacías. «¿Se encontrará acaso arriba?». Las manzanas se hallaban en la buhardilla. Y, en consecuencia, volvía a bajar; el jardín estaba quieto y en silencio como siempre, pero el libro se había caído al césped.

Pero lo habían encontrado en la sala de estar. Aun cuando no se les podía ver. Los vidrios de la ventana reflejaban manzanas, reflejaban rosas; todas las hojas eran verdes en el vidrio. Si ellos se movían en la sala de estar, las manzanas se limitaban a mostrar su cara amarilla. Sin embargo, en el instante siguiente, cuando la puerta se abría, esparcido en el suelo, colgando de las paredes, pendiente del techo… ¿qué? Yo tenía las manos vacías. La sombra de un tordo cruzó la alfombra; de los más profundos pozos de silencio, la paloma torcaz extrajo su burbuja de sonido.

«A salvo, a salvo, a salvo…», latía suavemente el pulso de la casa. «El tesoro está enterrado; el cuarto…», el pulso se detuvo bruscamente. Bueno, ¿era esto el tesoro enterrado?

Un momento después, la luz se había debilitado. ¿Afuera, en el jardín quizá? Pero los árboles tejían penumbras para un vagabundo rayo de sol. Tan hermoso, tan raro, frescamente hundido bajo la superficie, el rayo que yo buscaba siempre ardía detrás del vidrio. Muerte era el vidrio; muerte mediaba entre nosotros; acercándose primero a la mujer, cientos de años atrás, abandonando la casa, sellando todas las ventanas; las estancias quedaron oscurecidas. Él lo dejó allí; él la dejó a ella; fue al norte, fue al este, vio las estrellas aparecer en el cielo del sur; buscó la casa, la encontró hundida bajo la loma.

«A salvo, a salvo, a salvo», latía alegremente el pulso de la casa. «El tesoro es tuyo».

El viento sube rugiendo por la avenida. Los árboles se inclinan y vencen hacia aquí y hacia allá. Rayos de luna chapotean y se derraman sin tasa en la lluvia. Rígida y quieta arde la vela. Vagando por la casa, abriendo ventanas, musitando para no despertarnos, la pareja de duendes busca su alegría.

«Aquí dormimos», dice ella. Y él añade: «Besos sin número». «El despertar por la mañana...» «Plata entre los árboles...» «Arriba...» «En el jardín...» «Cuando llegó el verano...» «En la nieve invernal...». Las puertas siguen cerrándose a lo lejos, distantes, con suave sonido como el latido de un corazón.

Se acercan más; cesan en el pasillo. Cae el viento, resbala plateada la lluvia en el vidrio. Nuestros ojos se oscurecen; no oímos pasos a nuestro lado; no vemos a señora alguna extendiendo su manto fantasmal. Las manos del caballero forman pantalla ante la linterna. Con un suspiro, él dice: «Míralos, profundamente dormidos, con el amor en los labios».

Inclinados, sosteniendo la linterna de plata sobre nosotros, nos miran larga y profundamente. Larga es su espera. Entra directo el viento; la llama se vence levemente. Locos rayos de luna cruzan suelo y muro, y, al encontrarse, manchan los rostros inclinados; los rostros que consideran; los rostros que examinan a los durmientes y buscan su dicha oculta.

«A salvo, a salvo, a salvo», late con orgullo el corazón de la casa. «Tantos años...», suspira él. «Me has vuelto a encontrar». «Aquí», murmura ella, «dormida; en el jardín leyendo; riendo, dándoles la vuelta a las manzanas en la buhardilla. Aquí dejamos nuestro tesoro…». Al inclinarse, su luz levanta mis párpados. «¡A salvo! ¡A salvo! ¡A salvo!», late enloquecido el pulso de la casa. Me despierto y grito: «¿Es este el tesoro enterrado de ustedes? La luz en el corazón».

EL CUARTETO DE LAS CUERDAS

Bueno, aquí estamos, y si lanzas una ojeada a la estancia, advertirás que el ferrocarril subterráneo y los tranvías y los autobuses, y no pocos automóviles privados e, incluso, me atrevería a decir, landós con caballos bayos, han estado trabajando para esta reunión, trazando líneas de un extremo de Londres al otro. Sin embargo, comienzo a albergar dudas…

Sobre si es verdad, tal como dicen, que la Calle Regent está floreciente, y que el Tratado se ha firmado, y que el tiempo no es frío si tenemos en cuenta la estación, e incluso que a este precio ya no se consiguen departamentos, y que el peor momento de la gripe ha pasado; si pienso en que he olvidado escribir con referencia a la gotera de la despensa, y que me dejé un guante en el tren; si los vínculos de sangre me obligan, inclinándome al frente, a aceptar cordialmente la mano que quizá me ofrecen dubitativamente…

—¡Siete años sin vernos!

—La última vez fue en Venecia.

—¿Y dónde vives ahora?

—Bueno, es verdad que prefiero que sea a última hora de la tarde, si no es pedir demasiado…

—¡Pero yo te he reconocido al instante!

—La guerra representó una interrupción…

Si la mente está siendo atravesada por semejantes dardos, y debido a que la sociedad humana así lo impone, tan pronto uno de ellos ha sido lanzado, ya hay otro en camino; si esto engendra calor, y además han encendido la luz eléctrica; si decir una cosa deja detrás, en tantos casos, la necesidad de mejorar y revisar, provocando además arrepentimientos, placeres, vanidades y deseos; si todos los hechos a que me he referido, y los sombreros, y las pieles sobre los hombros, y los fracs de los caballeros, y las agujas de corbata con perla, es lo que surge a la superficie, ¿qué posibilidades tenemos?

¿De qué? Cada minuto se hace más difícil decir por qué, a pesar de todo, estoy sentada aquí creyendo que no puedo decir qué, y ni siquiera recordar la última vez que ocurrió.

—¿Viste la procesión?

—El rey me pareció frío.

—No, no, no. Pero, ¿qué decías?

—Que ha comprado una casa en Malmesbury.

—¡Vaya suerte encontrarla!

Contrariamente, tengo la fuerte impresión de que esa mujer, sea quien fuere, ha tenido muy mala suerte, ya que todo es cuestión de departamentos y de sombreros y de gaviotas, o así parece ser, para este centenar de personas aquí sentadas, bien vestidas, encerradas entre paredes, con pieles, repletas, y conste que de nada puedo alardear, por cuanto también yo estoy pasivamente sentada en una dorada silla, limitándome a dar vueltas y revueltas a un recuerdo enterrado, tal como todos hacemos, por cuanto hay indicios, si no me equivoco, de que todos estamos recordando algo, buscando algo furtivamente. ¿Por qué inquietarse? ¿Por qué tanta ansiedad acerca de la parte de los mantos correspondiente al asiento, y de los guantes, si abrochar o desabrochar? Y mira ahora esa anciana cara, sobre el fondo del oscuro lienzo, hace un momento cortés y sonrosada; ahora taciturna y triste, cual ensombrecida. ¿Ha sido el sonido del segundo violín, siendo afinado en la antesala? Ahí vienen. Cuatro negras figuras, con sus instrumentos, y se sientan de cara a los blancos rectángulos bajo el chorro de luz; sitúan los extremos de sus arcos sobre el atril; con un simultáneo movimiento los levantan; los colocan suavemente en posición, y, mirando al intérprete situado ante él, el primer violín cuenta uno, dos, tres... ¡Floreo, fuente, florecer, estallido!

El peral en lo alto de la montaña. Chorros de fuente; gotas descienden. Pero las aguas del Ródano se deslizan rápidas y hondas, corren bajo los arcos, y arrastran las hojas caídas al agua, llevándose las sombras sobre el pez de plata; el pez moteado es arrastrado hacia abajo por las veloces aguas, y ahora impulsado en este remanso donde —es difícil esto— se aglomeran los peces, todos en un remanso; saltando, salpicando, arañando con sus agudas aletas; y tal es el hervor de la corriente que los amarillos guijarros se revuelven y dan vueltas, vueltas, vueltas, vueltas —ahora liberados—, y van veloces corriente abajo e incluso, sin que se sepa cómo, ascienden formando exquisitas espirales en el aire; se curvan como delgadas cortezas bajo la copa de un plátano; y suben, suben… ¡Cuán bella es la bondad de aquellos que, con paso leve, pasan sonriendo por el mundo! ¡Y también en las viejas pescaderas alegres, en cuclillas bajo arcos, viejas obscenas, que ríen tan profundamente y se estremecen y balancean, al andar, de un lado para otro, ju, ja!

—Mozart de los primeros tiempos, claro está…

—Pero la melodía, como todas estas melodías, produce desesperación, quiero decir esperanza. ¿Qué quiero decir? ¡Esto es lo peor de la música! Quiero bailar, reír, comer pasteles de color de rosa, beber vino leve y con mordiente. O, ahora, un cuento indecente… me gustaría. A medida que una entra en años, le gusta más la indecencia. ¡Ja, ja! Me río. ¿De qué? No has dicho nada, ni tampoco el anciano caballero de enfrente. Pero supongamos, supongamos… ¡Silencio!

El melancólico río nos arrastra. Cuando la luna sale por entre las lánguidas ramas del sauce, veo tu cara, oigo tu voz y el canto del pájaro cuando pasamos junto al mimbral. ¿Qué murmuras? Pena, pena. Alegría, alegría. Entretejidos, como juncos a la luz de la luna. Entretejidos, sin que se puedan destejer, entremezclados, atados con el dolor, liados con la pena, ¡choque!

La barca se hunde. Alzándose, las figuras ascienden, pero ahora, delgadas como hojas, afilándose hasta convertirse en un tenebroso espectro que, coronado de fuego, extrae de mi corazón sus mellizas pasiones. Para mí canta, abre mi pena, ablanda la compasión, inunda de amor el mundo sin sol, y tampoco, al cesar, cede en ternura, sino que hábil y sutilmente va tejiendo y destejiendo, hasta que en esta estructura, esta consumación, las grietas se unen; ascienden, sollozan, se hunden para descansar, la pena y la alegría.

¿Por qué apenarse? ¿Qué quieres? ¿Sigues insatisfecha? Diría que todo ha quedado en reposo. Sí, ha sido dejado en descanso bajo un cobertor de pétalos de rosa que caen. Caen. Pero, ah, se detienen. Un pétalo de rosa que cae desde una enorme altura, como un diminuto paracaídas arrojado desde un globo invisible, da la vuelta sobre sí mismo, se estremece, vacila. No llegará hasta nosotros.

—No, no, no he notado nada. Esto es lo peor de la música, esos tontos ensueños. ¿Decías que el segundo violín se ha retrasado?

Ahí va la vieja señora Munro, saliendo a tientas. Cada día está más ciega, la pobre. Y con este suelo resbaladizo.

Ciega ancianidad, esfinge de gris cabeza… Ahí está, en la acera, haciendo señas, tan severamente, al autobús rojo.

—¡Delicioso! ¡Pero qué bien tocan! ¡Qué — qué — qué!

La lengua no es más que un badajo. La mismísima simplicidad. Las plumas del sombrero contiguo son luminosas y agradables, como una matraca infantil. La hoja del plátano destella en verde por la rendija de la cortina. Muy extraño, muy excitante.

—¡Qué — qué — qué! ¡Silencio!

Estos son los enamorados sobre el césped.

—Señora, si me permite que coja su mano…

—Señor, hasta mi corazón le confiaría. Además, hemos dejado los cuerpos en la sala del banquete. Y eso que está sobre el césped son las sombras de nuestras almas.

—Entonces, estos son abrazos de nuestras almas.

Los limoneros se mueven dando su asentimiento. El cisne se aparta de la orilla y flota ensoñado hasta el centro de la corriente.

—Pero, volviendo a lo que hablábamos. El hombre me siguió por el pasillo y, al llegar al recodo, me pisó los encajes del viso. ¿Y qué otra cosa podía hacer sino gritar «¡Ah!», pararme y señalar con el dedo? Y entonces desenvainó la espada, la esgrimió como si con ella diera muerte a alguien, y gritó: «¡Loco! ¡Loco! ¡Loco!». Ante lo cual yo grité, y el príncipe, que estaba escribiendo en el gran libro de pergamino, junto a la ventana del mirador, salió con su capelo de terciopelo y sus zapatillas de piel, arrancó un estoque de la pared — regalo del rey de España, ¿sabe?—, ante lo cual yo escapé, echándome encima esta capa para ocultar los destrozos de mi falda, para ocultar… ¡Escuche! ¡Las trompas!

El caballero contesta tan aprisa a la dama, y la dama sube la escalinata con tal ingenioso intercambio de cumplidos que ahora culminan con un sollozo de pasión, que no cabe comprender las palabras, a pesar de que su significado es muy claro —amor, risa, huida, persecución, celestial dicha—, todo ello surgido, como flotando, de las más alegres ondulaciones de tierno cariño, hasta que el sonido de las trompas de plata, al principio muy a lo lejos, se hace gradualmente más y más claro, como si senescales saludaran al alba o anunciaran temiblemente la huida de los enamorados... El verde jardín, el lago iluminado por la luna, los limoneros, los enamorados y los peces se disuelven en el cielo opalino, a través del cual, mientras a las trompas se unen las trompetas, y los clarines les dan apoyo, se alzan blancos arcos firmemente asentados en columnas de mármol... Marcha y trompeteo. Metálico clamor y clamoreo. Firme asentamiento. Rápidos cimientos. Desfile de miríadas. La confusión y el caos bajan a la tierra. Pero esta ciudad hacia la que viajamos carece de piedra y carece de mármol, pende eternamente, se alza inconmovible, y tampoco hay rostro, y tampoco hay bandera que reciba o dé la bienvenida. Deja, pues, que tu esperanza perezca; abandono en el desierto mi alegría; avancemos desnudos. Desnudas están las columnatas, a todos ajenas, sin proyectar sombras, resplandecientes, severas. Y entonces me vuelvo atrás, perdido el interés, deseando tan solo irme, encontrar la calle, fijarme en los edificios, saludar a la vendedora de manzanas, decir a la doncella que me abre la puerta: «Noche estrellada».

—Buenas noches, buenas noches. ¿Va en esta dirección?

—Lo siento, voy en la otra.

EL FOCO

La mansión del vizconde del siglo XVIII había sido transformada en un club del siglo XX. Y era agradable, después de cenar en la gran estancia con columnas y candelabros, bajo el esplendor de la luz, salir a la terraza que daba al parque. Los árboles eran frondosos, y si hubiera habido luna se hubiesen podido ver las banderolas de color rosa y crema puestas en los castaños. Pero era una noche sin luna; muy cálida, tras un hermoso día de verano.

Los invitados del señor y la señora Ivimey tomaban café y fumaban en la terraza. Como si quisieran aliviarles de la necesidad de hablar, como si quisieran entretenerles sin que tuvieran que hacer esfuerzo alguno por su parte, haces de luz recorrían el cielo. Corrían tiempos de paz entonces; las fuerzas aéreas hacían prácticas; buscaban aviones enemigos en el cielo. Después de detenerse para examinar un punto sospechoso, la luz giró, como las aspas de un molino, o bien como las antenas de un prodigioso insecto, y reveló aquí un cadavérico muro de piedra; allá un castaño en flor; y de repente la luz incidió directamente en la terraza y, durante un segundo, brilló un disco blanco, que quizá fuera el espejo dentro del bolso de una señora.

—¡Miren! —exclamó la señora Ivimey.

La luz se fue. Volvieron a quedar en la oscuridad.

La señora Ivimey añadió:

—¡Nunca adivinarán lo que esto me ha hecho ver!

Como es natural, intentaron adivinarlo.

—No, no, no —protestaba la señora Ivimey. Nadie pudo adivinarlo. Solo ella lo sabía; y solo ella podía saberlo, debido a que era la biznieta del hombre en cuestión. Y este hombre le había contado la historia. ¿Qué historia? Si ellos querían, intentaría contársela. Quedaba aún tiempo antes de que el teatro comenzara.

—Pero, realmente, no sé cómo empezar —dijo la señora Ivimey—. ¿Fue en 1820...? Este año debía correr, más o menos, cuando mi bisabuelo era un muchacho. Ya no soy joven —no, pero era muy hermosa y de buen porte— y mi bisabuelo era un hombre muy viejo cuando yo me encontraba en la niñez, que fue cuando me contó la historia. Era un viejo muy apuesto, con su mata de cabello blanco y sus ojos azules. De muchacho tuvo que ser muy guapo. Pero extraño. Lo cual no deja de ser lógico —explicó la señora Ivimey—, teniendo en cuenta la manera en que vivían. Se apellidaban Comber. Habían venido a menos. Habían sido hidalgos; habían tenido tierras en Yorkshire. Pero, cuando mi bisabuelo era joven, casi un muchacho, solo quedaba la torre. La casa había desaparecido, y solo quedaba una casucha de campesinos en medio de los campos. La vimos hace diez años, sí, la visitamos. Tuvimos que dejar el automóvil y cruzar los campos a pie. No hay camino hasta la casa. Está aislada, y la hierba crece hasta la misma puerta… Había gallinas picoteando, entrando y saliendo de los cuartos. Todo estaba ruinoso. Recuerdo que, de repente, de la torre cayó una piedra. —Hizo una pausa—. Allí vivían —prosiguió— el viejo, la mujer y el muchacho. La mujer no era la esposa del viejo, ni la madre del muchacho. Era, simplemente, una doméstica, una muchacha que el viejo se llevó a vivir con él cuando enviudó. Esto quizá fuera una razón más para que nadie los visitara, una razón más que explica que todo fuera quedando en estado ruinoso. Pero recuerdo el escudo de armas sobre la puerta; y los libros, libros viejos, cubiertos de moho. En los libros aprendió cuanto sabía. Leía y leía, me dijo, libros viejos, con mapas plegados entre las páginas. Los subió a lo alto de la torre; todavía se conserva la cuerda, y los peldaños rotos. Todavía hay una silla desfondada, junto a la ventana, y la ventana abierta, batiendo, con los vidrios rotos, y un panorama de millas y millas de páramo.

Hizo una pausa, como si se encontrara en lo alto de la torre, mirando por la ventana que batía.

—Pero no pudimos —dijo— encontrar el telescopio.

En el comedor, a sus espaldas, el sonido de platos entrechocando aumentó. Pero la señora Ivimey, en la terraza, parecía intrigada por no haber podido encontrar el telescopio en la vieja casa.

—¿Y por qué buscabas un telescopio? —le preguntó alguien.

Riendo, la señora Ivimey repuso:

—¿Por qué? Pues porque si no hubiera habido un telescopio, yo no estaría ahora sentada aquí.

Y ciertamente ahora estaba sentada allí, mujer de media edad y buen porte, con algo azul sobre los hombros.

Volvió a hablar.

—Tuvo que ser allí, porque me contó que todas las noches, cuando los viejos ya se habían acostado, se sentaba ante la ventana, para mirar las estrellas con el telescopio. Júpiter, Aldebarán, Casiopea.

Agitó la mano hacia las estrellas que comenzaban a aparecer sobre las copas de los árboles. La noche se estaba oscureciendo. Y el foco parecía más luminoso, barriendo el cielo, deteniéndose aquí y allá para contemplar las estrellas.

—Y allí estaban —prosiguió— las estrellas. Y se preguntó, mi bisabuelo, aquel muchacho: ¿Qué son? ¿Para qué están? ¿Quién soy yo? Como solemos hacer cuando estamos solos, sin nadie con quien hablar, mirando las estrellas.

Guardó silencio. Todos miraron las estrellas que estaban surgiendo de la oscuridad, encima de los árboles. Las estrellas parecían muy permanentes, muy inmutables. El rugido de Londres se alejó. Cien años parecían nada. Tenían la impresión de que el muchacho contemplaba las estrellas con ellos. Tenían la impresión de estar con él, en la torre, mirando las estrellas, encima de los páramos.

Entonces una voz a sus espaldas dijo:

—Efectivamente. Viernes.

Todos se volvieron, rebulleron, se sintieron situados de nuevo en la terraza.

La señora Ivimey murmuró:

—Sí, pero no había nadie que pudiera decírselo a él.

La pareja se levantó y se fue.

—Estaba solo —prosiguió la señora Ivimey—. Era un hermoso día de verano. Un día de junio. Uno de esos días de verano perfectos, en que todo, en el calor, parece estarse quieto. Estaban las gallinas picoteando en el patio de la casa de campo; el viejo caballo pateando en el establo; el viejo dormitando junto al vaso. La mujer fregando platos en la cocina. Quizá de la torre cayó una piedra. Parecía que el día nunca fuera a terminar. Y el muchacho no tenía a nadie con quien hablar, y nada, absolutamente nada que hacer. El mundo entero se extendía ante él. El páramo subía y bajaba; el cielo se unía al páramo; verde y azul, verde y azul, para siempre, eternamente.

En la penumbra, podían ver que la señora Ivimey se apoyaba en la baranda, con la barbilla en las manos, como si contemplara el páramo desde lo alto de una torre.

—Nada, salvo páramo y cielo, páramo y cielo, siempre, siempre —murmuró.

Entonces la señora Ivimey efectuó un movimiento como si colocara algo en la debida posición.

—Pero, ¿qué aspecto tenía la tierra, vista a través del telescopio? —preguntó.

Efectuó otro rápido y leve movimiento con los dedos, como si diera la vuelta a algo.

—Lo enfocó —dijo—. Lo enfocó hacia la tierra. Lo enfocó en la oscura masa de un bosque, en el horizonte. Lo enfocó de manera que pudiera ver… cada árbol… cada árbol aisladamente… y los pájaros… alzándose y descendiendo… y la columna de humo… allá… entre los árboles… Y después… más bajo… más bajo… (la señora Ivimey bajó la vista)… allí había una casa… una casa entre los árboles… una casa de campo… se veían los ladrillos por separado, cada uno de ellos… y los toneles a uno y otro lado de la puerta… con flores azules, rosadas, hortensias quizá… —Hizo una pausa—. Y entonces de la casa salió una muchacha… que llevaba algo azul en la cabeza… y se quedó allí… dando de comer a los pájaros… palomas… que acudían revoloteando a su alrededor… Y entonces… mira… Un hombre… ¡Un hombre! Apareció por la esquina de la casa. ¡Cogió a la muchacha en sus brazos! Se besaron… se besaron.

La señora Ivimey abrió los brazos y los cerró como si estuviera besando a alguien.

—Era la primera vez que el muchacho veía a un hombre besar a una mujer —a través del telescopio—, a millas y millas de distancia, en el páramo.

Alejó de sí algo, probablemente el telescopio. Y quedó sentada, con la espalda muy erguida.

—Y el muchacho bajó corriendo la escalera. Corrió a través de los campos. Corrió por senderos, por la carretera, a través del bosque. Corriendo recorrió millas y millas, y en el preciso instante en que las estrellas comenzaban a aparecer sobre los árboles, llegó a la casa… cubierto de polvo, chorreando sudor…

Se calló como si estuviera viendo al muchacho.

—Y entonces, y entonces… ¿qué hizo? ¿Qué dijo? ¿Y la chica…? —así apremiaron los presentes a la señora Ivimey.

Un haz de luz quedó proyectado sobre la señora Ivimey, como si alguien hubiera enfocado sobre ella la lente de un telescopio (eran las fuerzas aéreas, buscando aviones enemigos). Se había puesto en pie. Llevaba algo azul en la cabeza. Había alzado una mano como si estuviera ante una puerta, pasmada.

—Bueno, la muchacha… Era… —dudó, como si se dispusiera a decir «era yo». Pero recordó; y se corrigió.

—Era mi bisabuela —dijo.

Se volvió en busca de su echarpe. Se encontraba en una silla, detrás de ella.

—Pero, ¿y el otro hombre? ¿El hombre que salió de la esquina? —le preguntaron.

—¿Aquel hombre? Oh, aquel hombre —murmuró la señora Ivimey, interrumpiéndose un instante para modificar la posición del echarpe (el foco había abandonado la terraza)— supongo que desapareció.

—La luz —añadió mientras cogía sus cosas— solo incide aquí y allá.

El foco acababa de pasar. Ahora daba en el llano terreno de Buckingham Palace. Y había llegado el momento de ir al teatro.

JARDINES DE KEW

Del cantero ovalado se elevaban alrededor de cien tallos que, más o menos hacia la mitad, se abrían en hojas con forma de corazón o de lengua, y desplegaban en la punta pétalos rojos, azules o amarillos con manchas de colores. Y de la oscuridad roja, azul o amarilla del centro sobresalía un tallo grueso, recto, rugoso, cubierto de polvo dorado y con terminación compacta. Los pétalos eran lo suficientemente grandes como para agitarse con la brisa de verano y, al moverse, las luces rojas, azules y amarillas se entremezclaban, manchando un pequeño diámetro de la tierra marrón del cantero de un color de lo más intrincado. La luz caía, o bien sobre la superficie suave y gris de una piedra, o bien sobre la caparazón de un caracol, con sus venas circulares color marrón; o sobre una gota de lluvia, ensanchando con tal intensidad las delgadas paredes de agua, de rojo, azul y amarillo, que parecía que iba a explotar y desaparecer. Sin embargo, la gota recuperó en un segundo su tono gris plata habitual, y la luz se posó luego sobre la superficie de una hoja, revelando las nervaduras de la superficie; y otra vez se movió y se posó sobre los vastos espacios verdes bajo el montículo de hojas con forma de corazón o de lengua. Después, la brisa sopló con más intensidad y el color se expandió en el aire, hacia los ojos de los hombres y las mujeres que caminaban por Kew Gardens en julio.

Las figuras de esos hombres y mujeres caminaban lentamente detrás del cantero con un curioso movimiento irregular, no muy diferente del de las mariposas blancas y azules, que atravesaban el césped volando en zigzag de cantero en cantero. El hombre caminaba despreocupado, apenas unos centímetros delante de la mujer; mientras que ella iba a paso decidido, volviéndose solo de vez en cuando para vigilar que los niños no se hubieran alejado demasiado. Él mantenía la distancia deliberadamente, aunque tal vez de modo inconsciente, pues deseaba seguir abstraído en sus pensamientos.

«Hace quince años vine aquí con Lily», pensó. «Nos sentamos por allí junto al lago y durante toda esa tarde calurosa le supliqué que se casara conmigo. La libélula nos sobrevolaba: con qué claridad veo la libélula y el zapato de Lily, con la hebilla de plata cuadrada en la punta. Mientras yo hablaba, miraba su zapato, y si ella movía el pie con impaciencia yo sabía, sin levantar la vista, lo que iba a decir. Todo su ser parecía estar en el zapato; y todo mi amor, mi deseo, en la libélula. Por alguna razón pensaba que si se posaba allí, en esa hoja ancha con la flor roja en el medio; pensaba que si la libélula se posaba en esa hoja ella diría que sí de inmediato. Pero la libélula volaba y volaba: nunca se detuvo en ninguna parte; desde luego que no, afortunadamente, pues de lo contrario no estaría aquí paseando con Eleanor y los niños».

—Dime, Eleanor, ¿piensas a menudo en el pasado?

—¿Por qué lo preguntas, Simon?

—Porque he estado pensando en el pasado. He estado pensando en Lily, la mujer con la que pude haberme casado… ¿Por qué estás callada? ¿Te molesta que piense en el pasado?

—¿Por qué lo haría, Simon? ¿Acaso no todos pensamos en el pasado cuando estamos en un jardín con hombres y mujeres recostados bajo los árboles? ¿No son ellos, acaso, nuestro pasado, todo lo que queda de él, esos hombres y mujeres, esos fantasmas recostados bajo los árboles… nuestra felicidad, nuestra realidad?

—En lo que a mí respecta, una hebilla de plata cuadrada y una libélula.

—En lo que respecta a mí, un beso. Imagina seis niñas sentadas frente a sus caballetes hace veinte años, a la orilla del lago, pintando los nenúfares, los primeros nenúfares rojos que vi en mi vida. Y de repente un beso, justo detrás del cuello. Y la mano temblorosa durante el resto de la tarde, que me impedía pintar. Me quité el reloj y fijé la hora en la que me permitiría volver a pensar en el beso durante tan solo cinco minutos. Qué beso tan preciado, el de una mujer de cabello gris y verruga en la nariz, la madre de todos los besos de mi vida. Vamos, Caroline, vamos, Hubert.

Pasaron el cantero caminando los cuatro juntos ahora, y pronto se fueron encogiendo entre los árboles hasta verse casi transparentes, mientras la luz del sol y la sombra flotaban a sus espaldas formando grandes y temblorosas manchas irregulares.

En el cantero ovalado, el caracol, con el caparazón teñido de rojo, azul y amarillo durante aproximadamente dos minutos, parecía moverse ahora muy lentamente dentro de su concha. Se empezó a arrastrar sobre los grumos de tierra floja que se desintegraban a medida que les pasaba por encima. Parecía perseguir un objetivo específico, y en ello se diferenciaba del curioso insecto, verde y anguloso, que intentaba adelantársele. Esperó unos segundos, la antena le temblaba como si vacilara, hasta que de un salto rápido y curioso salió disparando hacia el lado contrario. Barrancos marrones, en cuyos huecos se formaban lagos verdes y profundos; árboles chatos, con hojas como briznas de hierba, se agitaban de la raíz a la punta; cantos rodados grises; superficies rugosas, de textura delgada y quebradiza… Todo esto veía el caracol que iba de tallo en tallo en dirección a su objetivo. Antes de que pudiera decidir si esquivaría la hoja muerta en forma de arco o la treparía, pasaron junto al cantero los pies de otros seres humanos.

Esta vez eran dos hombres. El más joven tenía una expresión de tranquilidad quizás algo artificial. Levantaba la vista y miraba al frente mientras su compañero hablaba; y al hacer silencio este, la fijaba otra vez en el suelo, separando los labios tras largas pausas y, por momentos, sin abrirlos en absoluto. El mayor caminaba de forma curiosamente inestable, balanceando los brazos y sacudiendo la cabeza, como si fuera un caballo de tiro, impaciente, cansado de esperar en la puerta de una casa. Pero en aquel hombre estos gestos eran indecisos y sin objeto. Hablaba casi incesantemente; sonreía y seguía hablando, como si esa sonrisa hubiera servido de respuesta. Hablaba de espíritus, los espíritus de los muertos que, según él, incluso en ese momento, le contaban acerca de sus extrañas experiencias en el cielo.

—Los antiguos llamaban al cielo Tesalia, William; y ahora, con esta guerra, lo espiritual anda como el trueno entre las colinas.

Hizo una pausa, como si escuchara algo, sonrió, sacudió la cabeza y continuó:

—Tienes una pequeña batería eléctrica y un pedazo de goma para aislar el cable. ¿Aislar se dice? Bueno, ahorrémonos los detalles, de qué sirve entrar en cuestiones que nadie entendería. En fin, la maquinita se coloca en una posición conveniente en la cabecera de la cama, diremos, en un limpio estante de caoba. Una vez que los obreros hayan hecho todos los preparativos de acuerdo a mis indicaciones, las viudas acercarán la oreja y convocarán a los espíritus con la señal acordada. ¡Mujeres! ¡Viudas! Mujeres de negro…

En este momento pareció ver el vestido de una mujer a lo lejos, que a la sombra parecía de un negro violáceo. Se quitó el sombrero, llevó su mano al corazón y se apuró a alcanzarla murmurando y gesticulando febrilmente. Pero William lo sujetó de la manga y tocó una flor con la punta de su bastón para desviar la atención del anciano. Después de contemplarla unos segundos, el anciano, algo confundido, inclinó el oído hacia la flor y pareció responder a una voz que surgía desde allí, pues comenzó a hablar sobre los bosques de Uruguay que había visitado hacía tantos años acompañado por la joven más bella de Europa. Podía escuchárselo murmurar sobre los bosques de Uruguay, cubiertos de pétalos de rosas tropicales, ruiseñores, playas, sirenas y mujeres ahogadas en el mar; y se dejaba conducir por William, sobre cuyo rostro una expresión de estoica paciencia se iba dibujando lenta y profundamente.

Detrás del anciano, lo suficientemente cerca como para que les llamaran la atención sus gestos, venían dos mujeres entradas en edad, de clase media baja, una regordeta a paso lento, la otra ágil y de mejillas sonrojadas. Como la mayoría de las personas de su posición, se sorprendían abiertamente con cualquier signo de excentricidad que señalara algún tipo de desorden mental, sobre todo en los mejor posicionados. Pero estaban muy lejos de poder asegurar si esos gestos eran meramente excéntricos o de veras se trataba de un desequilibrado. Después de observar al anciano un rato en silencio, mirándose con malicia, siguieron caminando enérgicamente, retomando su complicado diálogo:

—Nell, Bert, Lot, Cess, Phil, Pa, dice él, digo yo, dice ella, digo yo, digo yo, digo yo…

—Mi Bert, Sis, Bill, el abuelo, el anciano, azúcar. Azúcar, harina, arenque ahumado, verduras. Azúcar, azúcar, azúcar.

La mujer regordeta miró con expresión de curiosidad entre la catarata de palabras. Las flores que crecían firmes, rectas en la tierra. Las miró como alguien que despierta de un profundo sueño y ve un candelero de metal reflejar la luz de modo extraño, y cierra los ojos otra vez y, al abrirlos por segunda vez y ver —ahora sí, habiendo despertado completamente— el candelero todavía allí, lo observa con toda su atención. Así, la pesada mujer se paralizó frente al cantero de forma ovalada, dejando incluso de aparentar estar escuchando lo que la otra mujer decía. Allí se detuvo, dejando que las palabras le cayeran encima, balanceando suavemente la parte superior del cuerpo, hacia adelante y hacia atrás, y mirando las flores. Después sugirió ir a sentarse a tomar el té.

El caracol consideraba ahora todas las formas posibles de llegar a su objetivo sin bordear la hoja seca ni treparla. Dejando de lado el esfuerzo necesario para hacer esto último, dudaba de si la delgada textura, que vibraba con ese alarmante crujido incluso al rozarla con la punta de sus antenas, soportaría su peso. Esto hizo que finalmente decidiera arrastrarse por abajo, pues en un punto la hoja se curvaba lo suficiente como para darle lugar. Había metido ya la cabeza y observaba el techo marrón; comenzaba a acostumbrarse a la fresca luz allí abajo cuando dos personas pasaron. Esta vez eran los dos jóvenes, un varón y una mujer; ambos en los primeros años de la juventud, o incluso en la etapa previa a esos años; la etapa previa a que los suaves pliegues rosas de la flor desplieguen su capullo pegajoso, cuando las alas de la mariposa, aunque ya desarrolladas por completo, yacen inmóviles al sol.

—Por suerte no es viernes —observó él.

—¿Por qué lo dices? ¿Crees en la suerte?

—Debes pagar seis peniques los viernes.

—¿Qué son seis peniques de todos modos? ¿Acaso esto no lo vale?

—¿Qué es «esto»? ¿A qué te refieres con «esto»?

—Oh, a lo que sea, quiero decir, tú sabes a lo que me refiero.

Largas pausas les seguían a cada comentario que soltaban con su voz monótona. Se detuvieron en el borde del cantero y presionaron la punta de la sombrilla de ella hasta enterrarla en la tierra blanda. Esta acción, y que él apoyara su mano sobre la de ella, expresaba sus sentimientos de un modo extraño, como esas palabras cortas e insignificantes también expresaban algo, palabras con alas cortas para cargar tanto significado, insuficientes para llevarlos demasiado lejos; y así se posaban con incomodidad sobre los objetos corrientes que los rodeaban; y eran para su tacto inmaduro tan macizas… Pero ¿quién sabe —pensaban mientras presionaban la sombrilla— qué precipicios se hallan ocultos en ellas, o qué laderas de hielo no brillan en el sol del otro lado? ¿Quién sabe? ¿Quién ha visto esto antes? Incluso cuando ella se preguntaba qué clase de té servían en Kew Gardens, él sentía que algo se avecinaba detrás de las palabras de la muchacha, y se mantuvo firme y decidido detrás de ellas. Y la neblina se dispersó lentamente y descubrió (oh, Dios, ¿qué eran esas formas?) pequeñas mesas blancas y meseras que la miraban primero a ella y después a él. Y después habría una cuenta que él pagaría con dos verdaderos chelines. Y era real, todo era real, pensó él tocando la moneda en su bolsillo, real para todos excepto para ellos dos, incluso para él comenzaba a parecer real. Y después —pero era tan emocionante seguir pensando— desenterró la sombrilla de un sacudón, impaciente por encontrar el lugar donde se tomaba el té junto a las otras personas, como las otras personas.

—Vamos, Trissie, es hora de tomar el té.

—¿Dónde se toma el té? —preguntó ella con un dejo de emoción en su voz de lo más extraño, observando a su alrededor y dejándose conducir por el camino de césped, arrastrando la sombrilla, volteándose de un lado al otro, olvidándose del té, deseando ir para allí y para allá, recordando las orquídeas y las aves del paraíso entre las flores salvajes, una pagoda china y un pájaro de copete color carmesí; pero siguió caminando.

Así, una pareja detrás de la otra, a un ritmo bastante similar, a paso irregular e indeciso, pasaban el cantero y terminaban envueltos en un halo de vapor verde azulado en el que, al principio, los cuerpos mantenían la sustancia y algo de color, pero luego se disolvían en la atmósfera verde azulada. ¡Qué calor hacía! Tanto que hasta el zorzal decidía saltar, como un pájaro a cuerda, hacia la sombra de las flores, con largas pausas entre un movimiento y el siguiente. En lugar de deambular sin sentido, las mariposas blancas danzaban una sobre la otra, dibujando con sus blancas escamas superpuestas, la forma de una columna de mármol rota sobre las flores más altas.

El techo de cristal del invernadero brillaba como si un mercado repleto de relucientes sombrillas verdes se hubiera abierto bajo el sol. Y entre el zumbido del avión, la voz del cielo de verano descubría su alma abrumadora. Amarillo y negro, rosa y blanco como la nieve; formas de todos estos colores, hombres, mujeres y niños se distinguían por un instante en el horizonte, y después, viendo tanto espacio amarillo sobre el césped, titubeaban y buscaban la sombra bajo los árboles, disolviéndose como gotas de agua en la atmósfera amarilla y verde, manchándola apenas con rojo y azul. Parecía como si todos los cuerpos sólidos se hubieran hundido en el calor y yacieran amontonados sobre la tierra; pero sus voces salían flotando, como llamas saliendo de los gruesos cuerpos de cera de las velas. Voces. Sí, voces. Voces sin palabras, rompiendo el silencio de repente con expresiones de pura satisfacción, de deseo apasionado o, en las voces de los niños, de inocente sorpresa. ¿Rompiendo el silencio? Pero no había silencio, todo el tiempo se escuchaba el motor de los autobuses poniéndose en marcha o cambiando la velocidad; la ciudad murmuraba como un nido gigante de cajas chinas, todas de hierro forjado, girando incesantemente unas dentro de las otras; y en la cima, las voces gritaban y los pétalos de millones de flores esparcían sus colores en el aire.

LA DUQUESA Y EL JOYERO

Oliver Bacon vivía en lo alto de una casa junto a Green Park. Tenía un departamento; las sillas estaban colocadas de manera que el asiento quedaba perfectamente orientado, sillas forradas en piel. Los sofás llenaban los miradores de las ventanas, sofás forrados con tapicería. Las ventanas, tres alargadas ventanas, estaban debidamente provistas de discretos visillos y cortinas de satén. El aparador de caoba ocupaba un discreto espacio, y contenía los brandys, los whiskys y los licores que debía contener. Y, desde la ventana central, Oliver Bacon contemplaba las relucientes techumbres de los elegantes automóviles que atestaban los atestados vericuetos de Piccadilly. Difícilmente podía imaginarse una posición más céntrica. Y a las ocho de la mañana le servían el desayuno en bandeja; se lo servía un criado; el criado desplegaba la bata carmesí de Oliver Bacon; él abría las cartas con sus largas y puntiagudas uñas, y extraía gruesas cartulinas blancas de invitación, en las que sobresalían de manera destacada los nombres de duquesas, condesas, vizcondesas y honorables damas. Después Oliver Bacon se aseaba; después se comía las tostadas; después leía el periódico a la brillante luz de la electricidad.

Dirigiéndose a sí mismo, decía: «Hay que ver, Oliver… Tú que comenzaste a vivir en una sucia calleja, tú que…», y bajaba la vista a sus piernas, tan elegantes, enfundadas en los perfectos pantalones, y a sus botas, y a sus polainas. Todo era elegante, reluciente, del mejor paño, cortado por las mejores tijeras de Savile Row. Pero a menudo Oliver Bacon se desmantelaba y volvía a ser un muchacho en una oscura calleja. En cierta ocasión pensó en la cumbre de sus ambiciones: vender perros robados a elegantes señoras en Whitechapel. Y lo hizo. «Oh, Oliver», gimió su madre. «¡Oh, Oliver! ¿Cuándo sentarás cabeza?…». Después Oliver se puso detrás de un mostrador; vendió relojes baratos; después transportó una cartera de bolsillo a Ámsterdam… Al recordarlo, solía reír por lo bajo… el viejo Oliver evocando al joven Oliver. Sí, hizo un buen negocio con los tres diamantes, y también hubo la comisión de la esmeralda. Después de esto, pasó al despacho privado, en la trastienda de Hatton Garden; el despacho con la balanza, la caja fuerte, las gruesas lupas. Y después… y después… Rió por lo bajo. Cuando Oliver pasaba por entre los grupitos de joyeros, en los cálidos atardeceres, que hablaban de precios, de minas de oro, de diamantes y de informes de África del Sur, siempre había alguno que se ponía un dedo sobre la parte lateral de la nariz y murmuraba «hum-m-m», cuando Oliver pasaba. No era más que un murmullo, no era más que un golpecito en el hombro, que un dedo en la nariz, que un zumbido que recorría los grupitos de joyeros en Hatton Garden, un cálido atardecer. ¡Hacía muchos años…! Pero Oliver todavía lo sentía recorriéndole el espinazo, todavía sentía el codazo, el murmullo que significaba: «Mírenlo —el joven Oliver, el joven joyero— ahí va». Y realmente era joven entonces. Y comenzó a vestir mejor y mejor; y tuvo, primero, un cabriolé; después un automóvil; y primero fue a platea y después a palco. Y tenía una villa en Richmond, junto al río, con rosales de rosas rojas; y Mademoiselle solía cortar una rosa todas las mañanas, y se la ponía en el ojal, a Oliver.

—Vaya —dijo Oliver, mientras se ponía en pie y estiraba las piernas—. Vaya…

Y quedó en pie bajo el retrato de una vieja señora, encima de la chimenea, y levantó las manos.

—He cumplido mi palabra —dijo, juntando las palmas de las manos, como si rindiera homenaje a la señora—. He ganado la apuesta.

Y no mentía; era el joyero más rico de Inglaterra; pero su nariz, larga y flexible, como la trompa de un elefante, parecía decir, mediante el curioso temblor de las aletas (aunque se tenía la impresión de que la nariz entera temblara, y no solo las aletas), que todavía no estaba satisfecho, todavía olía algo, bajo la tierra, un poco más allá. Imaginemos a un gigantesco cerdo en un terreno fecundo en trufas; después de desenterrar esta trufa y aquella otra, todavía huele otra mayor, más negra, bajo la tierra, un poco más allá. De igual manera, Oliver siempre husmeaba en la rica tierra de Mayfair otra trufa, más negra, más grande, un poco más allá.

Ahora rectificó la posición de la perla de la corbata, se enfundó en su elegante abrigo azul, y cogió los guantes amarillos y el bastón. Balanceándose, bajó la escalera, y en el momento de salir a Piccadilly, medio resopló, medio suspiró, por su larga y aguda nariz. Ya que, ¿acaso no era todavía un hombre triste, un hombre insatisfecho, un hombre que busca algo oculto, a pesar de que había ganado la apuesta?

Siempre se balanceaba un poco al caminar, igual que el camello del zoológico se balancea a uno y otro lado, cuando camina por entre los senderos de asfalto, atestados de tenderos acompañados por sus esposas, que comen el contenido de bolsas de papel y arrojan al sendero porcioncillas de papel de plata. El camello desprecia a los tenderos; el camello no está contento de su suerte; el camello ve el lago azul, y la orla de palmeras a su alrededor. De igual manera, el gran joyero, el más grande joyero del mundo entero, avanzaba balanceándose por Piccadilly, perfectamente vestido, con sus guantes, con su bastón, pero todavía descontento, hasta que llegó a la oscura tiendecilla que era famosa en Francia, en Alemania, en Austria, en Italia, y en toda América: la oscura tiendecilla en la Calle Bond.

Como de costumbre, cruzó la tienda sin decir palabra, a pesar de que los cuatro hombres, los dos mayores, Marshall y Spencer, y los dos jóvenes, Hammond y Wicks, se irguieron y le miraron, con envidia. Solo por el medio de agitar un dedo, enfundado en guante de color de ámbar, dio Oliver a entender que se había dado cuenta de la presencia de los cuatro. Y entró y cerró tras sí la puerta de su despacho privado.

A continuación, abrió la cerradura de las rejas que protegían la ventana. Entraron los gritos de la Calle Bond; entró el distante murmullo del tránsito. La luz reflejada en la parte trasera de la tienda se proyectaba hacia lo alto. Un árbol agitó seis hojas verdes, porque corría el mes de junio. Pero Mademoiselle se había casado con el señor Pedder, de la destilería de la localidad, y ahora nadie le ponía a Oliver rosas en el ojal.

—Vaya —medio suspiró, medio resopló—, vaya…

Entonces oprimió un resorte en la pared, y los paneles de madera resbalaron lentamente a un lado, revelando, detrás, las cajas fuertes de acero, cinco, no, seis, todas ellas de bruñido acero. Dio la vuelta a una llave; abrió una; luego otra. Todas ellas estaban forradas con grueso terciopelo carmesí, y en todas reposaban joyas: pulseras, collares, anillos, tiaras, coronas ducales, piedras sueltas en cajitas de cristal, rubíes, esmeraldas, perlas, diamantes. Todas seguras, relucientes, frías pero ardiendo, eternamente, con su propia luz comprimida.

—¡Lágrimas! —dijo Oliver contemplando las perlas.

—¡Sangre del corazón! —dijo mirando los rubíes.

—¡Pólvora! —prosiguió, revolviendo los diamantes de manera que lanzaron destellos y llamas.

—Pólvora suficiente para volar Mayfair hasta las nubes, y más arriba, más arriba, más arriba.

Y lo dijo echando la cabeza atrás y emitiendo sonidos como los del relincho del caballo.

El teléfono emitió un zumbido de untuosa cortesía, en voz baja, en sordina, sobre la mesa. Oliver cerró la caja de caudales.

—Dentro de diez minutos —dijo—. Ni un minuto antes.

Se sentó detrás del escritorio y contempló las cabezas de los emperadores romanos grabadas en los gemelos de la camisa. Una vez más se desmanteló y otra vez volvió a ser el muchachuelo que jugaba a canicas, en la calleja en donde se venden perros robados, los domingos. Se transformó en aquel voluntarioso y astuto muchachito, con labios rojos como cerezas húmedas. Metía los dedos en montones de tripa; los hundía en sartenes llenas de pescado frito; escabulléndose salía y penetraba en multitudes. Era flaco, ágil, con ojos como piedras pulidas. Y ahora… ahora… las saetas del reloj seguían avanzando al son del tic-tac, uno, dos, tres, cuatro… La duquesa de Lambourne esperaba por el placer de Oliver; la duquesa de Lambourne, hija de cien vizcondes. Esperaría durante diez minutos, en una silla junto al mostrador. Esperaría, por placer de Oliver. Esperaría hasta que Oliver quisiera recibirla. Oliver contemplaba el reloj alojado en su caja forrada de cuero. La saeta avanzaba. Con cada uno de sus tic-tacs, el reloj entregaba a Oliver —esto parecía— paté de foie gras, una copa de champaña, otra de brandy viejo, un cigarro que valía una guinea. El reloj lo iba dejando todo sobre la mesa, a su lado, mientras transcurrían los diez minutos. Entonces oyó suaves y lentos pasos acercándose; un rumor en el pasillo. Se abrió la puerta. El señor Hammond quedó pegado a la pared.

El señor Hammond anunció:

—¡Su gracia, la duquesa!

Y esperó allí, pegado a la pared.

Y Oliver, al ponerse en pie, oyó el rumor del vestido de la duquesa, que se acercaba por el pasillo. Después la duquesa se cernió sobre él, ocupando el vano de la puerta por entero, llenando el cuarto con el aroma, el prestigio, la arrogancia, la pompa, el orgullo de todos los duques y de todas las duquesas, alzados en una sola ola. Y, de la misma forma que rompe una ola, la duquesa rompió, al sentarse, avanzando y salpicando, cayendo sobre Oliver Bacon, el gran joyero, y cubriéndolo de vivos y destellantes colores, verde, rosado, violeta; y de olores; y de iridiscencias; centellas saltaban de los dedos, se desprendían de las plumas, rebrillaban en la seda; ya que la duquesa era muy corpulenta, muy gorda, prietamente enfundada en tafetán de color de rosa, y pasada ya la flor de la edad. De la misma manera que una sombrilla con muchas varillas, que un pavo real con muchas plumas, cierra las varillas, pliega las plumas, la duquesa se apaciguó, se replegó, en el momento de hundirse en el sillón de cuero.

—Buenos días, señor Bacon —dijo la duquesa. Y alargó la mano que había salido por el corte rectilíneo de su blanco guante. Y Oliver se inclinó profundamente al estrechar la mano. En el instante en que sus manos se tocaron volvió a formarse una vez más el vínculo que les unía. Eran amigos, y, al mismo tiempo, enemigos; él era amo, ella era ama; cada cual engañaba al otro, cada cual necesitaba al otro, cada cual temía al otro, cada cual sabía lo anterior, y se daba cuenta de ello siempre que sus manos se tocaban, en el cuartito de la trastienda, con la blanca luz fuera, y el árbol con sus seis hojas, y el sonido de la calle a lo lejos, y las cajas fuertes a espaldas de los dos.

—Ah, duquesa, ¿en qué puedo servirla hoy? —dijo Oliver en voz baja.

La duquesa le abrió su corazón, su corazón privado, de par en par. Y, con un suspiro, aunque sin palabras, extrajo del bolso una alargada bolsa de cuero, que parecía un flaco hurón amarillo. Y por la apertura de la barriga del hurón, la duquesa dejó caer perlas, diez perlas.

Rodando cayeron por la apertura de la barriga del hurón —una, dos, tres, cuatro—, como huevos de un pájaro celestial.

—Son cuanto me queda, mi querido señor Bacon —gimió la duquesa—. Cinco, seis, siete…

Rodando cayeron por las pendientes de las vastas montañas cuyas laderas se hundían entre las rodillas de la duquesa, hasta llegar a un estrecho valle, la octava, la nona, y la décima. Y allí quedaron, en el resplandor del tafetán del color de la flor del melocotón. Diez perlas.

—Del cinto de los Appleby —dijo dolida la duquesa—. Las últimas… Cuantas quedaban…

Oliver se inclinó y cogió una perla entre índice y pulgar. Era redonda, era reluciente. Pero, ¿era auténtica o falsa? ¿Volvía la duquesa a mentirle? ¿Sería capaz de hacerlo otra vez?

La duquesa se llevó un dedo rollizo a los labios.

—Si el duque lo supiera… —murmuró—. Querido señor Bacon, una racha de mala suerte…

¿Había vuelto a jugar, realmente?

—¡Ese villano! ¡Ese sinvergüenza! —dijo la duquesa entre dientes.

¿El hombre con el pómulo partido? Mal bicho, ciertamente. Y el duque, que era recto como una vara, con sus patillas, la dejaría sin un céntimo, la encerraría allá abajo… Qué sé yo, pensó Oliver, y dirigió una mirada a la caja de caudales.

—Araminta, Daphne, Diana —gimió la duquesa—. Es para ellas.

Las damas Araminta, Daphne y Diana, las hijas de la duquesa. Oliver las conocía; las adoraba. Pero Diana era aquella a la que amaba.

—Sabe usted todos mis secretos —dijo la duquesa mirando de soslayo a Oliver. Lágrimas resbalaron; lágrimas cayeron; lágrimas como diamantes, que se cubrieron de polvo en las veredas de las mejillas de la duquesa, del color de la flor del cerezo.

—Viejo amigo —murmuró la duquesa—, viejo amigo.

—Viejo amigo —repitió Oliver—, viejo amigo—, como si lamiera las palabras.

—¿Cuánto? —preguntó Oliver.

La duquesa cubrió las perlas con la mano.

—Veinte mil —murmuró la duquesa.

Pero, ¿era auténtica o falsa, aquella perla que Oliver tenía en la mano? El cinto de los Appleby, ¿pero es que no lo había vendido ya la duquesa? Llamaría a Spencer o a Hammond.

—Tenga y haga la prueba de autenticidad —diría Oliver.

Se inclinó hacia el timbre.

—¿Vendrá mañana? —preguntó la duquesa en tono de encarecida invitación, interrumpiendo así a Oliver—. El Primer Ministro… Su Alteza Real… —La duquesa se calló—. Y Diana… —añadió.

Oliver alejó la mano del timbre.

Miró por encima del hombro de la duquesa las paredes traseras de las casas de la Calle Bond. Pero no vio las casas de la Calle Bond, sino un río turbulento, y truchas y salmones saltando, y el Primer Ministro, y también se vio a sí mismo con chaleco blanco, y luego vio a Diana. Bajó la vista a la perla que tenía en la mano. ¿Cómo iba a someterla a prueba, a la luz del río, a la luz de los ojos de Diana? Pero los ojos de la duquesa lo estaban mirando.

—Veinte mil —gimió la duquesa—. ¡Es mi honor!

¡El honor de la madre de Diana! Oliver cogió el talonario; sacó la pluma.

—Veinte… —escribió. Entonces dejó de escribir. Los ojos de la vieja mujer retratada lo estaban mirando, los ojos de aquella vieja que era su madre.

—¡Oliver! —le decía su madre—. ¡Un poco de sentido común! ¡No seas loco!

—¡Oliver! —suplicó la duquesa (ahora era Oliver y no señor Bacon)—. ¿Vendrá a pasar un largo final de semana?

¡A solas en el bosque con Diana! ¡Cabalgando a solas en el bosque con Diana!

—Mil —escribió, y firmó el talón.

—Tenga —dijo Oliver.

Y se abrieron todas las varillas de la sombrilla, todas las plumas del pavo real, el resplandor de la ola, las espadas y las lanzas de Agincourt, cuando la duquesa se levantó del sillón. Y los dos viejos y los dos jóvenes, Spencer y Marshall, Wicks y Hammond, se pegaron a la pared, detrás del mostrador, envidiando a Oliver, mientras este acompañaba a la duquesa, a través de la tienda, hasta la puerta. Y Oliver agitó su guante amarillo ante las narices de los cuatro, y la duquesa conservó su honor —un talón de veinte mil libras, con la firma de Oliver— firmemente en sus manos.

—¿Son auténticas o son falsas? —preguntó Oliver, cerrando la puerta de su despacho privado.

Allí estaban las diez perlas sobre el papel secante, en el escritorio. Fue con ellas a la ventana. Con la lupa las miró a la luz... ¡Aquella era la trufa que había extraído de la tierra! Podrida por dentro...

—Perdóname, madre —suspiró Oliver, levantando la mano, como si pidiera perdón a la vieja retratada. Y, una vez más, fue un chicuelo en la calleja en donde vendían perros robados los domingos.

—Porque —murmuró, juntando las palmas de las manos— será un fin de semana largo.

LUNES O MARTES

Perezosa e indiferente, sacudiendo con facilidad el espacio de sus alas, conocedora de su camino, pasa la garza sobre la iglesia, bajo el cielo. Blanco e indiferente, ensimismado, el cielo cubre y descubre sin cesar, se va y se queda.

¿Un lago? ¡Quítale las orillas! ¿Una montaña? Sí, perfecto, con el oro del sol en las laderas. Cae desde lo alto. Helechos o plumas blancas, siempre, siempre…

Deseando la verdad, esperándola, destilando laboriosamente unas pocas palabras, deseando siempre (se inicia un grito a la izquierda, otro a la derecha; ruedas golpean divergentes; ómnibus se conglomeran en conflicto), deseando siempre (el reloj asevera con doce claras campanadas que es mediodía; la luz vierte escamas de oro; niños se arremolinan), deseando siempre verdad. Roja es la cúpula; de los árboles cuelgan monedas; el humo sale lento de las chimeneas; ladrido, alarido, grito. «Compro metal»… ¿Y la verdad?

Como rayos orientados hacia un punto, pies de hombres, pies de mujeres, negros o con incrustaciones doradas (esa niebla… ¿Azúcar? No, gracias… La Commonwealth del futuro), la luz del fuego salta y deja roja la estancia, salvo las negras figuras y sus ojos brillantes, mientras descargan una camioneta fuera, la señorita Thingummy sorbe té en su mesa escritorio, y las vitrinas protegen abrigos de pieles.

Cacareada, leve cual hoja, rizada en los bordes, pasada por las ruedas, plateada, en casa o fuera de casa, reunida, esparcida, derrochada en diferentes platillos de la balanza, barrida, sumergida, desgarrada, hundida, ensamblada…

¿Y la verdad?

Recordar ahora, junto al fuego del hogar, la blanca plaza de mármol. De las profundidades de marfil se alzan palabras que vierten su negrura, florecen y penetran. El libro caído; en la llama, en el humo, en las perecederas chispas; o ya viajando, la bandera en la plaza de mármol, minaretes debajo y mares de la India, mientras los espacios azules corren y las estrellas brillan… ¿la verdad?, o bien, ¿satisfacción con su proximidad?

Perezosa e indiferente, la garza regresa; el cielo cubre con un velo sus estrellas; las borra luego.

LA SEÑORA DALLOWAY EN BOND STREET

La señora Dalloway dijo que compraría los guantes ella misma. Big Ben estaba dando la hora cuando salió a la calle. Eran las once, y la hora aún intacta era fresca, como si se entregara a los niños en una playa. Pero había algo solemne en el deliberado balanceo de los golpes repetidos; algo conmovedor en el murmullo de las ruedas y el arrastrar de los pasos.

Sin duda no todos iban en busca de la felicidad. Hay mucho más que decir de nosotros que el hecho de que caminamos por las calles de Westminster. También Big Ben no es más que varillas de acero consumidas por el óxido, si no fuera por el cuidado de la Oficina de Obras de Su Majestad. Solo para la señora Dalloway el momento estaba completo; para la señora Dalloway junio era fresco. Una infancia feliz —y no solo a sus hijas les había parecido Justin Parry un buen hombre (débil, por supuesto, en el estrado)—; flores al atardecer, humo elevándose; el graznido de los grajos cayendo desde muy alto, descendiendo, descendiendo a través del aire de octubre: no hay nada que pueda sustituir la infancia. Una hoja de menta la trae de vuelta; o una taza con un aro azul.

—Pobrecillos —suspiró, y avanzó.

¡Oh, justo bajo las narices de los caballos, pequeño demonio! Y allí quedó en el borde de la acera, extendiendo la mano, mientras Jimmy Dawes sonreía al otro lado.

Una mujer encantadora, serena, ansiosa, extrañamente de cabello blanco para sus mejillas rosadas: así la vio Scope Purvis, C. B., mientras se apresuraba hacia su oficina. Ella se irguió un poco, esperando a que pasara la camioneta de Durtnall. Big Ben dio el décimo; dio el undécimo golpe. Los círculos de plomo se disolvieron en el aire. El orgullo la mantenía erguida, heredando, transmitiendo, familiarizada con la disciplina y con el sufrimiento. ¡Cómo sufría la gente, cómo sufría!, pensó, recordando a la señora Foxcroft en la Embajada la noche anterior, cubierta de joyas, con el corazón destrozado porque aquel buen muchacho había muerto, y ahora la vieja casa solariega (pasó la camioneta de Durtnall) debía pasar a un primo.

—¡Buenos días! —dijo Hugh Whitbread, levantando el sombrero de manera algo exagerada frente a la tienda de porcelanas, pues se conocían desde niños—. ¿Adónde se dirige?

—Me encanta caminar por Londres —señaló la señora Dalloway—. ¡De verdad, es mejor que caminar por el campo!

—Acabamos de llegar —dijo Hugh Whitbread—. Lamentablemente, para ver médicos.

—¿Milly? —dijo la señora Dalloway, inmediatamente compasiva.

—Un poco indispuesta —dijo Hugh Whitbread—. Ese tipo de cosas. ¿Dick está bien?

—¡De primera! —dijo Clarissa.

Claro, pensó mientras seguía caminando, Milly tiene más o menos mi edad: cincuenta, cincuenta y dos. Así que probablemente sea eso; la manera de Hugh lo decía, lo decía perfectamente… querido Hugh, pensó la señora Dalloway, recordando con humor, con gratitud, con emoción, lo tímido que siempre había sido, como un hermano —uno preferiría morir antes que hablar con su hermano— cuando estaba en Oxford y venía de visita, y quizá alguno de ellos (¡maldita sea!) no sabía montar. ¿Cómo podían entonces las mujeres sentarse en el Parlamento? ¿Cómo podían hacer cosas con los hombres? Porque existe este instinto extraordinariamente profundo, algo dentro de una; no se puede superar; no sirve de nada intentarlo; y hombres como Hugh lo respetan sin que una tenga que decirlo, que es lo que una ama, pensó Clarissa, en el querido Hugh.

Había pasado bajo el Arco del Almirantazgo y vio al final del camino vacío, con sus árboles delgados, la blanca masa de Victoria, su maternidad ondulante, su amplitud y su aire hogareño, siempre algo ridícula y, sin embargo, ¡qué sublime!, pensó la señora Dalloway, recordando los jardines de Kensington y a la anciana con gafas de montura de cuerno y cómo la niñera le había dicho que se detuviera en seco y saludara a la Reina.

La bandera ondeaba sobre el Palacio. El Rey y la Reina estaban de regreso. Dick la había conocido en el almuerzo el otro día: una mujer realmente agradable. Eso importa tanto a los pobres, pensó Clarissa, y a los soldados.

Un hombre de bronce se erguía heroicamente sobre un pedestal, con un arma al lado izquierdo —la guerra de Sudáfrica. Importa, pensó la señora Dalloway mientras caminaba hacia el Palacio de Buckingham. Allí estaba, sólido, bajo el amplio sol, inflexible, llano. Pero era carácter, pensó; algo innato en la raza; lo que los indios respetaban. La Reina iba a hospitales, inauguraba bazares —la Reina de Inglaterra—, pensó Clarissa, mirando el Palacio. Ya a esa hora un automóvil salía por las puertas; los soldados saludaban; las puertas se cerraban. Y Clarissa, cruzando la calle, entró en el Parque, manteniéndose erguida.

Junio había desplegado cada hoja en los árboles. Las madres de Westminster, de pechos moteados, amamantaban a sus hijos. Muchachas muy respetables yacían tendidas sobre el césped. Un anciano, encorvado con rigidez, recogió un papel arrugado, lo alisó y lo arrojó. ¡Qué horrible! Anoche, en la Embajada, Sir Dighton había dicho: «Si quiero que alguien me sujete el caballo, basta con que levante la mano». Pero la cuestión religiosa es mucho más seria que la económica, había dicho Sir Dighton, lo cual ella encontró extraordinariamente interesante, viniendo de un hombre como él. «Oh, el país nunca sabrá lo que ha perdido», había dicho, hablando, por propia iniciativa, del querido Jack Stewart.

Subió la pequeña colina con ligereza. El aire vibraba de energía. Mensajes pasaban de la Flota al Almirantazgo. Piccadilly, Arlington Street y el Mall parecían agitar el mismo aire del parque y levantar sus hojas, cálidas, brillantes, sobre oleadas de esa vitalidad divina que Clarissa amaba. Cabalgar; bailar; había adorado todo eso. O dar largos paseos por el campo, hablando de libros, de qué hacer con la vida; porque los jóvenes eran asombrosamente pedantes —¡oh, las cosas que una había dicho!—. Pero una tenía convicción. La madurez es el demonio. Personas como Jack nunca lo sabrán, pensó; porque él nunca pensó en la muerte, nunca, decían, supo que estaba muriendo. Y ahora nunca podrá llorar… ¿cómo era?… una cabeza encanecida… Desde el contagio de la lenta mancha del mundo… han bebido su copa una o dos veces antes… Desde el contagio de la lenta mancha del mundo… Se mantuvo erguida.

¡Pero cómo habría gritado Jack! ¡Citando a Shelley en Piccadilly! «¡Necesitas un alfiler!», habría dicho. Detestaba a las mujeres desaliñadas. «¡Dios mío, Clarissa! ¡Dios mío, Clarissa!» —podía oírlo ahora en la fiesta de Devonshire House, hablando de la pobre Sylvia Hunt con su collar de ámbar y aquella vieja seda tan pasada de moda—. Clarissa se irguió, pues había hablado en voz alta, y ahora estaba en Piccadilly, pasando la casa de las esbeltas columnas verdes y los balcones; pasando los ventanales de los clubes llenos de periódicos; pasando la casa de la vieja Lady Burdett-Coutts, donde solía colgar el loro blanco esmaltado; y Devonshire House, sin sus leopardos dorados; y Claridge's, donde debía recordar que Dick quería que dejara una tarjeta a la señora Jepson o ella se marcharía.

Los americanos ricos pueden ser muy encantadores. Allí estaba el palacio de St. James, como un juego de ladrillos de un niño; y ahora —había pasado Bond Street— estaba frente a la librería Hatchard's. La corriente era interminable, interminable, interminable. Lords, Ascot, Hurlingham… ¿qué era? ¡Qué encanto!, pensó, mirando el frontispicio de algún libro de memorias abierto en el escaparate, quizá de Sir Joshua o de Romney; ingenioso, brillante, recatado; el tipo de muchacha —como su propia Elizabeth—, el único tipo verdadero de muchacha. Y estaba ese libro absurdo, Soapy Sponge, que Jim solía citar sin parar; y los Sonetos de Shakespeare. Se los sabía de memoria. Phil y ella habían discutido todo el día sobre la Dama Oscura, y Dick había dicho sin rodeos aquella noche en la cena que nunca había oído hablar de ella. ¡De verdad, se había casado con él por eso! ¡Nunca había leído a Shakespeare!

Debía de haber algún librito barato que pudiera comprarle a Milly —Cranford, por supuesto—. ¿Ha habido algo tan encantador como la vaca con enaguas? Si tan solo la gente tuviera ahora ese tipo de humor, ese tipo de respeto por sí misma, pensó Clarissa, recordando las páginas amplias; las frases concluyentes; los personajes… cómo se hablaba de ellos como si fueran reales. Para todas las grandes cosas hay que acudir al pasado, pensó. Desde el contagio de la lenta mancha del mundo… «No temáis más el ardor del sol…». Y ahora nunca podrá llorar, nunca podrá llorar, repitió, dejando que la mirada vagara por el escaparate; porque le rondaba en la cabeza; la prueba de la gran poesía; los modernos nunca habían escrito nada que uno quisiera leer sobre la muerte, pensó; y se volvió.

Ómnibus se unían a automóviles; automóviles a furgonetas; furgonetas a taxis; taxis a automóviles —allí iba un coche descubierto con una muchacha sola—. Hasta las cuatro, con los pies hormigueando, lo sé, pensó Clarissa, pues la muchacha parecía desvanecida, medio dormida, en el rincón del coche tras el baile. Y pasó otro coche; y otro. ¡No! ¡No! ¡No! Clarissa sonrió con amabilidad. La mujer corpulenta se había esmerado en todo, pero ¡diamantes!, ¡orquídeas!, ¡a esta hora de la mañana! ¡No! ¡No! ¡No! El excelente policía, llegado el momento, alzaría la mano. Pasó otro automóvil. ¡Qué absolutamente poco atractivo! ¿Por qué una muchacha de esa edad debía pintarse los ojos de negro?

El admirable policía levantó la mano, y Clarissa, reconociendo su autoridad, se tomó su tiempo, cruzó y caminó hacia Bond Street; vio la calle estrecha y torcida, las banderas amarillas; los gruesos cables telegráficos dentados tensándose en el cielo.

Hace cien años, su tatarabuelo, Seymour Parry, que huyó con la hija de Conway, había caminado por Bond Street. Durante cien años los Parry habían caminado por Bond Street, y podrían haberse cruzado con los Dalloway (Leigh por el lado materno) que subían. Su padre compraba la ropa en Hill's. Había un rollo de tela en el escaparate, y aquí solo un frasco sobre una mesa negra, increíblemente caro; como el grueso salmón rosado sobre el hielo en la pescadería. Las joyas eran exquisitas: estrellas rosadas y anaranjadas, pasta, españolas, pensó; y cadenas de oro antiguo; hebillas estrelladas, pequeños broches que habían sido usados sobre satén verde mar por damas con altos tocados.

Pero ¡no servía de nada mirar! Había que economizar. Debía seguir más allá de la tienda de cuadros donde colgaba uno de esos extraños cuadros franceses, como si alguien hubiera arrojado confeti rosa y azul en broma. Si se había vivido con cuadros (y lo mismo sucede con los libros y la música), pensó Clarissa, pasando frente al Aeolian Hall, uno no puede dejarse engañar por una broma.

El río de Bond Street estaba congestionado. Allí, como una reina en un torneo, erguida, majestuosa, estaba Lady Bexborough. Sentada en su carruaje, derecha, sola, miraba a través de sus lentes. El guante blanco le quedaba flojo en la muñeca. Vestía de negro, bastante modesto; y, sin embargo, pensó Clarissa, ¡cómo lo revela todo!: la cuna, el respeto por sí misma, no decir nunca una palabra de más ni dar ocasión a habladurías; una amiga admirable; nadie puede encontrarle un defecto después de todos estos años; y ahora ahí está, pensó Clarissa, pasando junto a la condesa que aguardaba empolvada, perfectamente inmóvil; y Clarissa habría dado cualquier cosa por ser así, la dueña de Clarefield, hablando de política como un hombre. Pero nunca va a ninguna parte, pensó Clarissa, y es completamente inútil invitarla; y el carruaje siguió su camino y Lady Bexborough pasó llevada como una reina en un torneo, aunque no tenía nada por lo que vivir y el viejo está decayendo y dicen que está harta de todo, pensó Clarissa, y las lágrimas acudieron a sus ojos al entrar en la tienda.

—Buenos días —dijo Clarissa con su encantadora voz—. Guantes —añadió con exquisita amabilidad, y poniendo el bolso sobre el mostrador comenzó, muy despacio, a desabrocharse los botones—. Guantes blancos —dijo—. Hasta el codo.

Y miró directamente el rostro de la dependienta… pero ¿no era aquella la joven que recordaba? Parecía bastante mayor.

—Estos realmente no me quedan bien —dijo Clarissa.

La dependienta los examinó.

—¿Madame lleva pulseras?

Clarissa extendió los dedos.

—Quizá sean mis anillos.

Y la joven se llevó los guantes grises al extremo del mostrador.

Sí, pensó Clarissa, si es la que recuerdo, tiene veinte años más…

Solo había otra clienta, sentada de lado en el mostrador, con el codo en alto, la mano desnuda colgando, vacía; como una figura en un abanico japonés, pensó Clarissa, quizá demasiado vacía, aunque algunos hombres la adorarían. La mujer negó con tristeza. Otra vez los guantes eran demasiado grandes. Giró hacia el espejo.

—Por encima de la muñeca —reprochó a la mujer de cabello gris, que miró y asintió.

Esperaron; un reloj marcaba el tiempo; Bond Street zumbaba, amortiguada, distante; la mujer se alejó con los guantes.

—Por encima de la muñeca —dijo la dama, tristemente, elevando la voz.

Y tendría que encargar sillas, helados, flores, y tickets para el guardarropa, pensó Clarissa. Vendría la gente que no quería; los otros no. Ella se quedaría junto a la puerta. Vendían medias, medias de seda.

—A una dama se la conoce por sus guantes y sus zapatos —solía decir el viejo tío William.

Y a través de las medias de seda colgantes, temblorosas y plateadas, miró a la mujer de hombros caídos, su mano caída, su bolso resbalando, sus ojos vacíos fijos en el suelo. ¡Sería intolerable que mujeres desaliñadas acudieran a su fiesta! ¿Habría gustado Keats si hubiese llevado calcetines rojos?

¡Oh, por fin! Se inclinó hacia el mostrador y le vino a la mente:

—¿Recuerda que antes de la guerra tenían guantes con botones de perla?

—¿Guantes franceses, Madame?

—Sí, eran franceses —dijo Clarissa.

La otra mujer se levantó tristemente, tomó su bolso y miró los guantes. Pero todos eran demasiado grandes, siempre demasiado grandes en la muñeca.

—Con botones de perla —dijo la dependienta, que parecía mucho más vieja. Separó las hojas de papel de seda sobre el mostrador.

Con botones de perla, pensó Clarissa, perfectamente simples… ¡qué franceses!

—Las manos de Madame son tan finas —dijo la dependienta, ajustando el guante con firmeza, suavemente, sobre sus anillos.

Y Clarissa miró su brazo en el espejo. El guante apenas llegaba al codo. ¿Había otros medio centímetro más largos? Sin embargo, parecía molesto insistir; quizá era ese día del mes, pensó Clarissa, cuando es un tormento estar de pie.

—Oh, no se moleste —dijo.

Pero trajeron otros guantes.

—¿No se cansa terriblemente —preguntó con su encantadora voz— de estar de pie? ¿Cuándo toma sus vacaciones?

—En septiembre, Madame, cuando no hay tanto trabajo.

Cuando estamos en el campo, pensó Clarissa. O cazando. Ella tiene una quincena en Brighton. En alguna pensión sofocante. La casera se queda con el azúcar. Nada sería más fácil que enviarla a casa de la señora Lumley, en el campo (y lo tenía en la punta de la lengua). Pero entonces recordó cómo, en su luna de miel, Dick le había demostrado la insensatez de dar impulsivamente. Era mucho más importante, decía él, conseguir comercio con China. Por supuesto, tenía razón. Y podía sentir que a la muchacha no le gustaría recibir cosas.

Allí estaba ella en su lugar. Igual que Dick. Vender guantes era su trabajo. Tenía sus propias penas, completamente aparte, «y ahora nunca podrá llorar, nunca podrá llorar», corrían las palabras por su mente. «Desde el contagio de la lenta mancha del mundo», pensó Clarissa, manteniendo el brazo rígido, pues hay momentos en que todo parece absolutamente inútil (el guante fue retirado dejando su brazo manchado de polvo): simplemente una ya no cree, pensó Clarissa, en Dios.

El tráfico rugió de pronto; las medias de seda brillaron. Entró una clienta.

—Guantes blancos —dijo, con un timbre en la voz que Clarissa reconoció.

Solía ser todo tan sencillo, pensó Clarissa. Desde lo alto descendía el graznido de los grajos. Cuando Sylvia murió, hace cientos de años, los setos de tejo se veían tan hermosos con las telas de araña cubiertas de rocío antes del oficio matinal. Pero si Dick muriera mañana… en cuanto a creer en Dios… no; dejaría que los niños eligieran, pero ella, como Lady Bexborough, que inauguró el bazar, dicen, con el telegrama en la mano —Roden, su favorito, muerto—, seguiría adelante.

Pero ¿por qué, si una no cree? Por los demás, pensó, tomando el guante en la mano. Esta muchacha sería mucho más infeliz si no creyera.

—Treinta chelines —dijo la dependienta.

—No, perdone, Madame, treinta y cinco. Los guantes franceses son más caros.

Porque una no vive para sí misma, pensó Clarissa.

Y entonces la otra clienta tomó un guante, tiró de él, y se rasgó.

—¡Ahí! —exclamó.

—Un defecto de la piel —dijo apresuradamente la mujer de cabello gris—. A veces una gota de ácido en el curtido. Pruebe este par, Madame.

—¡Pero es un abuso pedir dos libras y diez!

Clarissa miró a la mujer; la mujer miró a Clarissa.

—Los guantes nunca han sido tan fiables desde la guerra —dijo la dependienta, disculpándose.

Pero ¿dónde había visto a esa otra mujer? Mayor, con un volante bajo la barbilla; con una cinta negra para sostener los lentes; sensual, inteligente, como un dibujo de Sargent. Cómo se reconoce por la voz a quienes están acostumbrados, pensó Clarissa, a hacer que los demás…

—Está un poco ajustado —dijo— obedezcan.

La dependienta se alejó de nuevo. Clarissa quedó esperando.

—No temáis más —repitió, jugando con el dedo sobre el mostrador—. No temáis más el ardor del sol.

Había pequeñas manchas marrones en su brazo. Y la muchacha avanzaba como un caracol. Tu tarea mundana ya está cumplida. Miles de jóvenes habían muerto para que las cosas siguieran.

¡Por fin! Medio centímetro por encima del codo; botones de perla; cinco y un cuarto.

Querida lenta, pensó Clarissa, ¿crees que puedo quedarme aquí toda la mañana? ¡Ahora tardarás veinticinco minutos en traerme el cambio!

Hubo una violenta explosión en la calle. Las dependientas se encogieron tras los mostradores. Pero Clarissa, sentada muy erguida, sonrió a la otra mujer.

—¡Señorita Anstruther! —exclamó.

UN COLEGIO DE MUJERES VISTO DESDE AFUERA

La luna blanca como una pluma no dejaba que el cielo se oscureciera. Toda la noche las flores del castaño se veían blancas en el verde, y oscuro era el perifollo en las praderas. El viento de los jardines de Cambridge no iba ni a Tartaria ni a Arabia, sino que andaba como adormilado por entre las nubes azul grisáceas sobre los techos de Newnham. Allí, en el jardín, si necesitaba algún lugar para deambular, lo habría hallado entre los árboles. Y como su rostro solo podría hallar rostros de mujeres, podía descubrirlo, inexpresivo, y mirar hacia las habitaciones donde, a esa hora —rostros vacíos, monótonos, sus blancos párpados sobre los ojos cerrados y manos desnudas sobre las sábanas— dormían incontables mujeres. Pero aquí y allá todavía brillaba una luz.

Uno podía imaginarse dos luces encendidas en la habitación de Ángela, viendo cuán iluminada ella misma estaba, y su reflejo resplandeciente en el espejo cuadrado. Toda ella estaba perfectamente delineada; tal vez era su alma. Pues el espejo devolvía una imagen estática, blanca y dorada, pantuflas rojas, pelo claro con hebillas azules, y nunca una arruga o sombra que rompiera la suavidad de Ángela y su reflejo en el espejo, como si le agradara ser Ángela. El momento en sí era agradable, la imagen luminosa colgando en el corazón de la noche, el santuario rompiendo con la negrura nocturna. Era de veras extraño tener esa prueba visible de la exactitud de las cosas; ese lirio perfecto flotando en la laguna del tiempo, sin miedo, como si esto fuera suficiente, ese reflejo. Tal pensamiento se reveló al volverse, y el espejo ya no reflejaba nada excepto el marco de la cama, y ella, corriendo de un lado al otro, pataleando y revoloteando, se convirtió en una mujer en su casa. Y cambió otra vez; los labios apretados sobre un libro negro, marcaba con el dedo lo que, seguramente, no podía ser una verdadera comprensión de la ciencia económica. Solo Ángela Williams estaba en Newnham para poder ganarse la vida el día de mañana, y no podía olvidar, aun en los momentos de apasionada adoración, los cheques que su padre le enviaba desde Swansea; a su madre en el lavadero: vestidos rosas secándose en la soga, señal de que el lirio ya no flota en la laguna, sino que tiene su nombre escrito en una tarjeta como cualquier otro.

A. Williams, se podía leer a la luz de la luna; y a su lado una tal Mary o Eleanor, Mildred, Sarah, Phoebe, sobre tarjetas cuadradas clavadas en la puerta. Nombres, nada más que nombres. La fría luz blanca los arruinaba y encogía hasta que parecía que el único propósito de todos ellos era que obedecieran automáticamente a un llamado para apagar un incendio, reprimir una insurrección o sentarse a dar un examen. Tal es el poder de los nombres escritos en una tarjeta y clavados en una puerta. Tal era el parecido, por las baldosas, los pasillos y las puertas de las habitaciones, con una lechería o un convento, un lugar de reclusión y disciplina, donde los tarros de leche se mantienen puros y frescos y la ropa perfectamente limpia.

En ese momento se escuchó una risa suave detrás de la puerta. Un reloj con sonido afectado marcó la hora: la una, las dos. Si es que el reloj estaba dando una orden, esta no sería acatada. Incendio, insurrección, examen, todos enterrados por la risa, o apenas ocultos bajo la superficie, pues el sonido parecía borbotear desde las profundidades y barrer con delicadeza las horas, las reglas, la disciplina. Las cartas desparramadas sobre la cama. Sally en el suelo. Helena en la silla. Bertha calentándose en la chimenea. A. Williams entró bostezando.

—Porque es completamente inaceptable y condenable —dijo Helena.

—Condenable —repitió Bertha, y bostezó.

—No estamos castradas.

—La vi escabullirse por la puerta trasera con ese viejo sombrero. No quieren que sepamos.

—¿Ellos? —dijo Ángela.

—Ella.

Después las risas.

Se repartieron las cartas, con las caras rojas y amarillas sobre la mesa, y las manos se abalanzaron sobre ellas. La buena de Bertha, inclinada, con la cabeza sobre la silla, suspiró largamente. Pues prefería dormir, pero ya que la noche es libre, un pastizal ilimitado, una hoja en blanco, había que abrirse camino en esa oscuridad. Había que llenarla de joyas. Compartían las noches en secreto, y transitaban el día en rebaño. Las persianas estaban abiertas, había niebla afuera. Sentada en el suelo junto a la ventana (mientras las otras jugaban), el cuerpo y la mente, juntos, parecían volar por los aires, escabullirse entre los arbustos. ¡Oh, pero ella quería estirarse en la cama y dormir! Creía que nadie sentía ese deseo de dormir; sentía, con sacudones repentinos y cabeceando de vez en cuando, que todos estaban completamente despiertos. Cuando reían todas juntas, un pájaro gorjeaba en su sueño en el jardín, como si la risa…

Sí, como si la risa (dormitaba ahora) flotara en el aire como la niebla y se adhiriera a las plantas y los arbustos con hilos elásticos, de manera que el jardín se viera vaporoso y nublado. Y después, el viento haría mover los arbustos y el vapor blanco saldría volando por el mundo.

El vapor salía de todas las habitaciones donde dormían las mujeres, se adhería a los arbustos como la niebla y después volaba libremente por los aires. Las ancianas dormían, y por la mañana tomarían de inmediato la varilla de mando. Ahora, tranquilas y descoloridas, descansaban profundamente, rodeadas, sostenidas por los cuerpos jóvenes, recostados o en grupos junto a la ventana, derramando esa risa en el jardín, esa risa irresponsable: la risa de los cuerpos y las mentes que eluden las reglas, las horas, la disciplina. Una risa fértil pero sin forma, caótica, que se escapa y corona los arbustos de rosas con hilos de vapor.

—Oh —suspiró Ángela—, en camisón, de pie junto a la ventana.

Por su voz parecía apenada. Asomó la cabeza. La niebla se evaporaba como si su voz la hubiera partido por la mitad. Había estado hablando, mientras las otras jugaban, con Alice Avery, sobre el castillo de Bamborough; el color de las playas por la noche; a lo que Alice dijo que escribiría y pondría una fecha, en agosto; y agachándose la besó, o al menos le rozó la cabeza con la mano, y Ángela, totalmente incapaz de estarse quieta, como poseída por un mar embravecido en el corazón, daba vueltas por la habitación (testigo de esta escena), extendiendo los brazos para apaciguar tanta emoción, tanto asombro ante la increíble inclinación del árbol milagroso con la fruta dorada en la cima. ¿No había caído en sus brazos? Lo dejó brillando, estrechándolo en su pecho; algo no dispuesto para que se lo toque, se piense o se hable de él; solo se lo podía dejar allí brillando. Y después, Ángela, de apellido Williams, se puso las medias, las pantuflas, dobló la enagua y cayó en la cuenta —¿cómo decirlo?— de que, después del revuelo de miles de años oscuros, había luz al final del túnel; había vida en el mundo. A sus pies había bondad, había amor. Tal fue su descubrimiento.

Pero entonces, ¿cómo puede uno sorprenderse si, tumbada en la cama, no puede mantener los ojos cerrados —algo irresistible hacía que los abriera—? ¿Si en la tenue oscuridad, la silla y la cómoda parecen majestuosas y el espejo tan precioso con ese ligero tinte de amanecer? Con el pulgar en la boca como un niño (cumplió diecinueve en noviembre), yace en este buen mundo, en este nuevo mundo, este mundo al final del túnel, hasta que el deseo de verlo o anticiparse la impulsó a quitarse la sábana de encima y caminar hasta la ventana; y allí, contemplar el jardín donde estaba la niebla, todas las ventanas abiertas, un azul furioso, un murmullo a la distancia, el mundo, desde luego, y la mañana que se acercaba.

—Oh —exclamó como con pesar.

UNA NOVELA NO ESCRITA

Una expresión de tristeza era suficiente por sí sola para que los ojos se deslizaran por encima del borde del papel hacia el rostro de la pobre mujer —insignificante sin esa mirada, casi un símbolo del destino humano con ella—. La vida es lo que ves en los ojos de la gente; la vida es lo que aprenden y, habiéndolo aprendido, nunca, aunque intenten ocultarlo, dejan de ser conscientes de… ¿qué? Parece que la vida es así. Cinco caras opuestas —cinco caras maduras— y el conocimiento en cada cara. ¡Curioso, sin embargo, cómo la gente quiere ocultarlo!

Las marcas de reticencia están en todos esos rostros: labios cerrados, ojos sombreados; cada uno de los cinco hace algo para ocultar o ahogar su conocimiento. Uno fuma; otro habla; un tercero revisa papeles en un bolsillo; un cuarto observa el mapa de la línea enmarcado al frente; y la quinta —lo terrible de la quinta es que no hace nada en absoluto—. Ella mira la vida.

Ah, pero, pobre y desafortunada mujer mía, juega el juego —¡por el bien de todos, ocúltalo!

Como si me oyera, levantó la vista, se movió ligeramente en su asiento y suspiró. Pareció disculparse y al mismo tiempo decirme: «¡Si tan solo supieras!». Luego volvió a mirar la vida.

«Pero sí lo sé», respondí en silencio, echando un vistazo al Times por educación. «Sé todo el asunto. "La paz entre Alemania y las Potencias Aliadas fue oficialmente inaugurada ayer en París —Signor Nitti, el primer ministro italiano—; un tren de pasajeros en Doncaster colisionó con un tren de mercancías…" Todos lo sabemos —el Times lo sabe—, pero fingimos que no».

Mis ojos volvieron a deslizarse por el borde del periódico. Se estremeció, movió el brazo de forma extraña hacia el centro de la espalda y negó con la cabeza. De nuevo recurrí a mi gran reserva de vida.

«Toma lo que quieras», continué, «nacimientos, muertes, matrimonios, la Circular de la Corte, los hábitos de los pájaros,

Leonardo da Vinci, el asesinato de las Sandhills, los altos salarios y el coste de la vida… oh, toma lo que quieras», repetí, «¡todo está en el Times!».

De nuevo, con infinito cansancio, movió la cabeza de un lado a otro hasta que, como una trompa agotada de tanto girar, se posó en su cuello.

El Times no la protegía contra una tristeza como la suya. Pero otros seres humanos imponían silencios. Lo mejor que podía hacer contra la vida era doblar el papel para que formara un cuadrado perfecto, nítido, grueso, impermeable incluso a la vida.

Hecho esto, levanté la vista rápidamente, armado con un escudo propio. Atravesó mi escudo; me miró a los ojos como si buscara cualquier fragmento de valor en sus profundidades y lo redujera a arcilla. Su solo tic negaba toda esperanza, descartaba toda ilusión.

Así cruzamos Surrey y la frontera hacia Sussex. Pero, con mis ojos en la vida, no advertí que los demás viajeros se habían marchado uno a uno, hasta que, salvo el hombre que leía, quedamos solos. Allí estaba la estación de Three Bridges. Bajamos lentamente por el andén y nos detuvimos. ¿Iba a dejarnos? Recé en ambos sentidos; recé al final para que se quedara.

En ese instante se despertó, arrugó el papel con desprecio, como si fuera una cosa acabada, abrió la puerta de golpe y nos dejó solos.

La mujer infeliz, inclinada un poco hacia delante, me habló pálida y sin color —habló de estaciones y festividades, de hermanos en Eastbourne y de la época del año, que, recuerdo ahora, era temprano o tarde—. Pero al fin, mirando por la ventana y viendo, supe, solo vida, susurró:

«Mantenerse alejada… ese es el inconveniente…».

Ah, ahora nos acercábamos a la catástrofe.

«Mi cuñada…».

La amargura de su tono era como limón sobre acero frío y, hablando no para mí, sino para sí misma, murmuró:

«Tonterías, diría ella… eso es lo que todos dicen…».

Y, mientras hablaba, se movía inquieta, como si la piel de su espalda fuera la de un ave desplumada.

«¡Oh, esa vaca!», se interrumpió nerviosa, como si la gran vaca en el prado la hubiera sorprendido y salvado de alguna indiscreción.

Entonces se estremeció y repitió el movimiento torpe y anguloso que había visto antes, como si, tras el espasmo, algún punto entre los hombros le quemara o picara. Por otro lado, parecía la mujer más infeliz del mundo, y una vez más la reproché, aunque no con la misma convicción, porque, si había una razón, y si la conocía, el estigma desaparecía de la vida.

«Cuñadas...», dije.

Frunció los labios como si fuera a escupir veneno ante la palabra; no respondió. Lo único que hizo fue coger su guante y frotar con fuerza un punto del cristal de la ventana. Se frotó como si quisiera borrar algo para siempre —alguna mancha, alguna contaminación imborrable—.

Pero el lugar permaneció, a pesar de todo su esfuerzo, y de nuevo se encogió con el estremecimiento y el agarre del brazo que ya esperaba. Algo me impulsó a coger mi guante y frotar la ventana. También había una pequeña mota en el cristal. A pesar de todo lo que froté, seguía ahí.

Y entonces el espasmo me recorrió. Doblé el brazo y me rasqué la mitad de la espalda. Mi piel también se sentía como la piel húmeda de un pollo en el escaparate del gallinero; un punto entre los hombros picaba e irritaba, húmedo, persistente. ¿Podría alcanzarlo? Lo intenté a escondidas.

Me vio.

Una sonrisa de infinita ironía, infinita tristeza, apareció y desapareció en su rostro. Pero ya se había comunicado, había compartido su secreto, transmitido su veneno; no quiso hablar más.

Reclinado en mi rincón, protegiendo mis ojos de los suyos, viendo solo las pendientes y huecos grises y morados del paisaje invernal, leí su mensaje, descifré su secreto bajo su mirada.

Hilda es la cuñada. ¿Hilda? ¿Hilda? Hilda Marsh —Hilda la florecida, la de pecho abundante, la matrona—.

Hilda está en la puerta mientras el taxi se detiene, sosteniendo una moneda.

«Pobre Minnie, más desgarbada que nunca... la capa vieja que llevaba el año pasado. Bueno, bueno, con dos hijos hoy en día no se puede hacer más. No, Minnie, yo me encargo; aquí tienes, taxista...

nada de discusiones conmigo. Adelante, Minnie. ¡Oh, podría llevarte, y mucho menos tu cesta!».

Así entran en el comedor.

«Tía Minnie, niños».

Poco a poco los cuchillos y tenedores descienden desde el mantel. Al suelo (Bob y Barbara), extienden las manos con rigidez; luego vuelven a sus sillas, mirando entre los bocados que habían retomado.

[Pero esto lo saltaremos: adornos, cortinas, plato de porcelana con tréboles, oblongos amarillos de queso, cuadrados blancos de galleta —saltar— ¡oh, pero espera! A mitad de la comida, uno de esos escalofríos; Bob la mira, cuchara en la boca. «Ponte con tu postre, Bob»; pero Hilda no lo aprueba. «¿Por qué debería moverse?» Salta, salta, hasta llegar al descansillo del piso superior; escaleras con remates de latón; linóleo desgastado; ¡oh, sí!, pequeño dormitorio con vistas a los tejados de Eastbourne —tejados en zigzag como espinas de oruga, de un lado a otro, rayados en rojo y amarillo, con pizarras azul negruzcas—.]

Ahora, Minnie, la puerta está cerrada; Hilda desciende pesadamente al sótano; desabrochas las correas de la cesta, dejas sobre la cama un camisón escaso, te colocas unas zapatillas de fieltro peludas. El espejo —no, evitas el espejo—. Una disposición metódica de los alfileres del sombrero. ¿Quizá la caja tenga algo dentro? La agitas; es el perlo del año pasado, nada más.

Y luego el olor, el suspiro, sentarse junto a la ventana. A las tres de la tarde de diciembre; la llovizna cayendo; una luz baja en el tragaluz de un emporio de cortinas; otra luz se enciende en el dormitorio de un sirviente —y se apaga—. Eso no le da nada que mirar.

Un momento de vacío —entonces, ¿en qué piensas? (Déjame echar un vistazo a su opuesto; está dormida o fingiendo; ¿qué pensaría de sentarse en la ventana a las tres de la tarde? ¿Salud, dinero, colinas, su Dios?).

Sí, sentada en el borde mismo de la silla, mirando los tejados de Eastbourne, Minnie Marsh reza a Dios. Eso está muy bien; y puede frotar también el cristal, como si quisiera ver mejor a Dios; pero ¿qué Dios ve ella? ¿Quién es el dios de Minnie Marsh, el dios de los callejones de Eastbourne, el dios de las tres de la tarde?

Yo también veo tejados, veo cielo; pero, ay, ¡esta visión de los dioses! Más parecido al presidente Kruger que al príncipe Alberto —eso es lo mejor que puedo hacer por él—; lo veo en una silla, con un abrigo negro, tampoco muy alto; puedo imaginar una o dos nubes para que se siente; y entonces su mano, que se arrastra entre las nubes, sostiene una vara —¿una porra, quizá?— negra, gruesa, con nudos —un viejo matón brutal—.

¡Dios de Minnie! ¿Envió el picor, la mancha y el tic? ¿Por eso reza? Lo que frota en la ventana es la mancha del pecado. ¡Oh, ha cometido algún delito!

Tengo mi elección de delitos. El bosque revolotea y vuela; en verano hay campanillas azules; cuando llega la primavera, prímulas. ¿Una despedida, hace veinte años? ¿Votos rotos? No la de Minnie… Ella fue fiel. ¡Cómo cuidaba a su madre! Todos sus ahorros en la lápida —coronas bajo cristal—, narcisos en jarras. Pero me desvío.

Un delito… Decían que guardaba su tristeza, que reprimía su secreto —su sexo, dirían los científicos—. ¡Pero qué torpeza cargarlo todo al sexo! No… más bien así:

Al pasar por las calles de Croydon hace veinte años, los lazos violetas en la ventana de la tienda de telas, salpicados por la luz eléctrica, llaman su atención. Se queda más allá de las seis. Aun así, corriendo puede llegar a casa. Empuja la puerta batiente de cristal. Es hora de rebajas. Bandejas poco profundas rebosadas de cintas. Se detiene, tira de aquí, roza con los dedos allá, entre rosas elevadas —no hace falta elegir, no hay necesidad de comprar, y cada bandeja tiene sus sorpresas—.

«No cerramos hasta las siete».

Y luego son las siete. Corre, corre, llega a casa, pero demasiado tarde. Vecinos —el médico— el hermanito— la tetera— escaldado— hospital— muerto… o solo el shock, la culpa.

¡Ah, pero el detalle no importa! Es lo que lleva consigo; el lugar, el crimen, aquello que debe expiar, siempre ahí entre sus hombros.

«Sí», parece asentir, «eso es lo que hice».

Ya sea que lo hayas hecho o lo que hayas hecho, no me importa; no es eso lo que busco. La ventana de la tienda estaba rodeada de violeta —eso basta—; quizá un poco barato, un poco común —ya que uno puede elegir entre los delitos—, pero luego tantos… (déjame echar otro vistazo —¿sigue dormida o finge dormir? Blanca, gastada, la boca cerrada— un toque de obstinación, más de lo que uno pensaría— sin rastro de sensualidad)… tantos crímenes no son tu crimen.

Tu crimen fue pequeño; solo la retribución solemne.

Porque ahora la puerta de la iglesia se abre; el duro banco de madera la recibe; sobre las losas marrones se arrodilla; cada día, invierno, verano, crepúsculo, amanecer —aquí está— reza. Todos sus pecados caen, caen, caen para siempre. La mancha los recibe. Está elevada, roja, ardiente. Luego se estremece.

Punto. Los niños pequeños. «Bob a la hora de comer hoy»… Pero las mujeres mayores son las peores.

De hecho, ahora ya no puedes sentarte a rezar. El de Kruger se ha hundido bajo las nubes —lavado como un pincel en gris líquido—; incluso la punta de la porra ha desaparecido. ¡Eso es lo que siempre pasa! Tal como lo has visto, tal como lo has sentido, alguien interrumpe.

Ahora soy Hilda.

¡Cómo la odias! Incluso cierra la puerta del baño con llave por la noche, aunque solo quieres agua fría, y a veces, cuando la noche ha sido mala, parece que lavarse ayuda. Y John en el desayuno —los niños—; las comidas son peores, y a veces hay amigos —los helechos no los ocultan del todo—.

Así que sales por la entrada, donde las olas son grises, los periódicos vuelan, el cristal protegido de verde y corrientes de aire, y las sillas cuestan dos peniques —demasiado—, porque hay predicadores a lo largo de las arenas. Ah, ese es un negro —ese es un hombre gracioso—; ese otro tiene periquitos —¡pobres criaturas!—. ¿No hay nadie aquí que piense en Dios?

—Justo ahí arriba, sobre el muelle, con su caña…

Pero no: no hay nada más que gris en el cielo, o, si es azul, las nubes blancas lo ocultan; y la música —música militar—. ¿Y qué están buscando? ¿Los atrapan? ¡Cómo miran los niños!

Bueno, entonces, casa por un camino trasero —«¡Casa por un camino trasero!»—.

Las palabras tienen significado; quizá lo dijo el anciano de bigotes —no, no, en realidad no hablaba—; pero todo tiene significado:

carteles apoyados en las puertas, nombres en los escaparates, fruta roja en cestas, cabezas de mujeres en la peluquería; todo dice: «¡Minnie Marsh!».

Pero aquí hay un imbécil:

—¡Los huevos son más baratos!

¡Eso es lo que siempre pasa! La llevaba por la cascada, directo a la locura, cuando, como un rebaño de ovejas soñadoras, se desvía y se escapa entre mis dedos.

Los huevos son más baratos.

Atada a las costas del mundo, ninguno de los crímenes, penas o locuras para la pobre Minnie Marsh; nunca llega tarde a la comida; nunca atrapada en una tormenta sin impermeable; nunca completamente inconsciente de lo baratos que son los huevos.

Así que llega a casa —se raspa las botas.

¿Te he entendido bien? Pero el rostro humano —el rostro humano en la plenitud de su expresión— contiene más, oculta más.

Ahora, con los ojos abiertos, mira hacia fuera. Y el ojo humano —¿cómo lo defines?— presenta una ruptura, una división, de modo que cuando has tomado el tallo, la mariposa se desprende; la polilla que cuelga al atardecer sobre la flor amarilla se mueve, se eleva, se aleja.

No levantaré la mano.

Quédate quieto, entonces.

Temblor, vida, alma, espíritu —lo que seas de Minnie Marsh— yo también, en mi flor; el halcón sobre el páramo —solo—. ¿Cuál era el valor de la vida? Permanecer en equilibrio, quieto, al mediodía; suspendido sobre el vacío. Un destello —¡arriba!— y luego de nuevo el equilibrio. Solo, invisible; verlo todo tan quieto allá abajo, tan hermoso. Nadie ve, nadie se preocupa.

Los ojos de los demás, nuestras prisiones; sus pensamientos, nuestras jaulas. Aire arriba, aire abajo. Y la luna y la inmortalidad…

¡Oh, pero me arrojo al césped!

¿Tú también estás abajo, tú en la esquina —cómo te llamas— mujer— Minnie Marsh? ¿Un nombre así? Ahí está, pegada a su flor, abriendo su bolso, del que saca una cáscara hueca —un huevo—. ¿Quién decía que los huevos eran más baratos? ¿Tú o yo?

Oh, fuiste tú quien lo dijo de camino a casa, ¿recuerdas?, cuando el anciano de repente abrió su paraguas —¿o estornudó?—.

En fin, Kruger se fue, y tú llegaste «por un camino trasero» y te raspaste las botas. Sí.

Y ahora tienes sobre las rodillas un pañuelo donde caen pequeños fragmentos angulares de cáscara de huevo —fragmentos de un mapa—, un rompecabezas.

¡Ojalá pudiera juntarlos!

Si tan solo te quedaras quieta.

Ha movido las rodillas —el mapa se ha deshecho otra vez—. Por las laderas de los Andes, bloques blancos de mármol caen rodando, aplastando a toda una tropa de muleros españoles con su convoy: el botín de Drake, oro y plata.

Pero volver…

¿A qué, a dónde?

Abrió la puerta y dejó el paraguas en el perchero —eso no hace falta decirlo—; también el olor a carne del sótano; punto, punto, punto.

Pero lo que no puedo eliminar, lo que debo enfrentar, con la cabeza baja, los ojos cerrados, con el valor de un batallón y la ceguera de un toro, son, indudablemente, las figuras detrás de los helechos: viajeros comerciales.

Allí los he escondido todo este tiempo con la esperanza de que desaparezcan, o mejor aún, que emerjan como deben, si la historia ha de adquirir riqueza y redondez, destino y tragedia; arrastrando consigo dos, si no tres, viajeros comerciales y todo un bosque de aspidistras.

«Las frondas de la aspidistra solo ocultaban parcialmente al viajero comercial…». Los rododendros lo ocultarían por completo y, de paso, me darían mi toque de rojo y blanco, por el que muero de hambre y lucho; pero rododendros en Eastbourne, en diciembre, sobre la mesa de los Marsh… no, no, no me atrevo; todo es cuestión de cortezas y vinagreras, flecos y helechos.

Quizá después haya un momento junto al mar. Además, siento, pinchando agradablemente entre los trastos verdes y el brillo del cristal tallado, un deseo de mirar y espiar al hombre de enfrente, tanto como pueda. ¿James Moggridge, a quien los Marsh llaman Jimmy? [Minnie, debes prometer que no te moverás hasta que lo tenga claro.]

James Moggridge viaja en… ¿digamos botones?… pero todavía no ha llegado el momento de sacarlos: los grandes y los pequeños, en largas cartulinas; algunos con ojos de pavo real, otros dorados y apagados; algunos cairngorms y otros salpicados de coral. Pero digo que aún no ha llegado el momento.

Viaja y, los jueves, su día en Eastbourne, toma sus comidas con los Marsh. Su cara roja, sus pequeños ojos firmes —nada del todo habitual—, su enorme apetito (eso es seguro; no mirará a Minnie hasta haber limpiado la salsa con pan), la servilleta metida como si fuera un peto… pero esto es primitivo, y, haga lo que haga con el lector, no me dejes engañarme. Vamos a ir a casa de Moggridge, a ponerlo en marcha.

Bueno, las botas de la familia las arregla los domingos el propio James. Lee The Truth. ¿Pero su pasión? Las rosas. Y su esposa, una enfermera jubilada del hospital… interesante… ¡Por el amor de Dios, déjame al menos una mujer con un nombre que me guste! Pero no; es de esos hijos no nacidos de la mente, ilícitos y no menos amados, como mis rododendros. Cuántos mueren en cada novela escrita: los mejores, los más queridos, mientras Moggridge vive. Es culpa de la vida.

Aquí está Minnie comiendo su huevo, enfrente y al otro extremo de la línea —¿ya hemos pasado Lewes?—. Debe de ser Jimmy… o, si no, ¿a qué viene su tic?

Debe de ser culpa de Moggridge: la vida. La vida impone sus leyes; la vida bloquea el camino; la vida está detrás del helecho; la vida es la tirana. ¡Oh, pero no el matón! No, porque te aseguro que vengo de buena gana; vengo cortejado por Dios sabe qué compulsión, a través de helechos y vinagreras, mesas salpicadas y botellas manchadas. Vengo irresistiblemente a alojarme en algún lugar de la carne firme, en la robusta columna, dondequiera que pueda penetrar o encontrar apoyo en la persona, en el alma, de Moggridge el hombre.

La enorme estabilidad de la tela; la columna dura como ballena, recta como un roble; las costillas irradiando ramas; la lona tensa; los huecos rojos; la succión y la regurgitación del corazón; mientras desde arriba la carne cae en cubos marrones y la cerveza brota para ser remachada hasta convertirse otra vez en sangre. Y así llegamos a los ojos.

Detrás de la aspidistra ven algo; negro, blanco, lúgubre; ahora el plato otra vez; detrás de la aspidistra ven a una anciana. «La hermana de Marsh, Hilda, es más de mi tipo»; ahora el mantel. «Marsh sabría qué les pasa a Morris…». Hablan de ello; ha llegado el queso; el plato otra vez; gíralo —los enormes dedos—; ahora la mujer de enfrente. «La hermana de Marsh… nada que ver con Marsh. Miserable anciana… Deberías alimentar a tus gallinas… Por Dios, ¿qué la hace temblar? ¿No es lo que dije? ¡Ay, ay, ay! Estas ancianas. ¡Querida, querida!».

[Sí, Minnie; sé que te has movido nerviosa, pero un momento… James Moggridge.]

«¡Querida, querida, querida!». Qué hermoso es el sonido: como el golpe de un mazo sobre madera curada, como el latido del corazón de un viejo ballenero cuando el mar se endurece y el verde se nubla. «¡Querida, querida!». Qué campana de paso para calmar las almas inquietas y consentirlas, lamerlas con ropa de lino, diciendo: «Hasta luego. ¡Suerte!». Y luego: «¿Qué te apetece?». Porque aunque Moggridge le arrancara la rosa, ya está, ya pasó. ¿Y ahora qué es lo siguiente? «Señora, va a perder su tren», porque no se detienen.

Así es el hombre; ese es el sonido que reverbera; eso es St. Paul's y los ómnibus motorizados. Pero estamos quitando las migas de la mesa.

Oh, Moggridge, ¿no te quedas? ¿Te vas a ir? ¿Vas a recorrer Eastbourne esta tarde en uno de esos cochecitos? ¿Eres el hombre encerrado en cajas de cartón verde, a veces con las persianas bajas y otras mirando tan solemne como una esfinge, y siempre con algo de sepulcro, algo de enterrador, ataúd y crepúsculo sobre caballo y cochero? Dímelo. Pero las puertas se cerraron de golpe. Nunca volveremos a vernos. ¡Moggridge, adiós!

Sí, sí, me voy. Hasta la parte alta de la casa. Un momento me quedaré. Cómo gira el barro en la mente, qué remolino dejan estos monstruos; las aguas se mecen, las malas hierbas ondeando, verdes aquí, negras allá, golpeando la arena, hasta que poco a poco los átomos se recomponen, el poso se tamiza y de nuevo, a través de los ojos, se ve claro y quieto, y llega a los labios una oración por los difuntos, algún don para las almas de aquellos a quienes se asiente, de las personas que nunca vuelves a encontrar.

James Moggridge está muerto ahora, desaparecido para siempre. Bueno, Minnie… «Ya no puedo afrontarlo». Si dijo eso… (Déjame mirarla. Está cepillando la cáscara del huevo hasta abrir profundas hendiduras). Lo dijo sin duda, apoyándose en la pared del dormitorio y pellizcando las pequeñas bolas que bordeaban la cortina color granate.

Pero cuando el yo habla con el yo, ¿quién habla? El alma sepultada, el espíritu empujado hacia dentro, hacia la catacumba central; el yo que tomó el velo y abandonó el mundo, cobarde quizá, pero de algún modo hermoso, mientras revolotea inquieto con su linterna arriba y abajo por los oscuros pasillos. «Ya no puedo soportarlo», dice su espíritu. «Ese hombre en la comida… Hilda… los niños».

¡Oh, cielos, su sollozo! Es el espíritu llorando su destino, el espíritu empujado aquí, allá, alojado en las alfombras menguantes —escasos apoyos—, restos encogidos de todo el universo que se desvanece: amor, vida, fe, marido, hijos, no sé qué esplendores y pompas vislumbrados en la infancia. «No para mí, no para mí».

Pero luego… ¿los muffins?, ¿el perro anciano y calvo? Me gustaría que estuvieran las alfombrillas de cuentas y el consuelo del brasero. Si atropellaran a Minnie Marsh y la llevaran al hospital, las enfermeras y médicos exclamarían… Está la vista y la visión; está la distancia; la mancha azul al final de la avenida; mientras que, al fin y al cabo, el té es rico, la magdalena está caliente y el perro… «Benny, a su cesta, señor, ¡y vea qué le ha traído mamá!».

Así que, tomando el guante del pulgar gastado, desafiando una vez más al demonio que se acerca de lo que se llama meterse en agujeros, renuevas las fortificaciones, enhebras la lana gris, la haces entrar y salir. Corriendo dentro y fuera, a lo largo y al otro lado, tejes una red a través de la cual Dios mismo… ¡silencio, no pienses en Dios! ¡Qué firmes son los puntos! Debes estar orgullosa de tu zurcido. Que nada la moleste. Deja que la luz caiga suavemente, y las nubes muestren un chaleco interior de verde tierno. Deja que el gorrión se pose en la ramita y agite la gota de lluvia que cuelga del codo de la rama…

¿Por qué mirar hacia arriba? ¿Era un sonido, un pensamiento? ¡Dios mío! ¿Volvemos a lo que hiciste, al cristal con los lazos violetas? Pero Hilda vendrá. Ignominias, humillaciones, ¡oh! Cierra la brecha.

Tras remendar su guante, Minnie Marsh lo deja en el cajón. Cierra el cajón con decisión. Veo su cara en el cristal: con los labios fruncidos, con la barbilla en alto. Luego se ata los zapatos. Luego se toca la garganta. ¿Cuál es tu broche? ¿Muérdago o pensamiento alegre? ¿Y qué está pasando? A menos que me equivoque, el pulso se acelera, el momento llega, los hilos van a toda velocidad, Niágara cae por delante. ¡Aquí está la crisis! ¡Que el cielo te acompañe! Baja. ¡Ánimo, ánimo! ¡Acéptalo, sé así! ¡Por el amor de Dios, no te detengas en la alfombra ahora! ¡Ahí está la puerta! Estoy de tu lado. ¡Habla! ¡Enfréntala, confunde su alma!

«¡Oh, perdona! Sí, habla Eastbourne. Lo bajaré por ti. Déjame probar el asa». [Pero, Minnie, aunque mantengamos las apariencias, te he entendido bien; ahora estoy contigo.]

«¿Eso es todo tu equipaje?»

«Muy agradecida, seguro».

(¿Pero por qué miras a tu alrededor? Hilda no irá a la estación, ni John; y Moggridge conduce al otro lado de Eastbourne).

«Esperaré junto a mi bolsa, señora, es lo más seguro. Dijo que me encontraría… ¡Ahí está! Ese es mi hijo».

Así que se marcharon juntos.

Bueno, pero estoy desconcertada… ¡Seguro que Minnie, tú sabes mejor! Un joven extraño… ¡Espera! Se lo diré… ¡Minnie!… ¡Señorita Marsh!… pero no lo sé. Hay algo extraño en su capa mientras sopla el viento. Oh, pero no es cierto; es indecente… Mira cómo se agacha al llegar a la puerta. Encuentra su billete. ¿Cuál es la broma? Allá van, por la carretera, lado a lado… ¡Pues mi mundo está acabado! ¿En qué me sostengo? ¿Qué sé yo? Esa no es Minnie. Nunca hubo Moggridge. ¿Quién soy? La vida está más desnuda que el hueso.

Y, sin embargo, la última mirada de ambos —él bajando del bordillo y ella siguiéndole por el borde del gran edificio— me inunda de nuevo. ¡Figuras misteriosas! Madre e hijo. ¿Quiénes sois? ¿Por qué camináis por la calle? ¿Dónde dormiréis esta noche y luego mañana? ¡Oh, cómo gira y se agita, cómo vuelve a alzarme! Echo a andar tras ellos. La gente va y viene. La luz blanca chisporrotea y se derrama. Ventanas de cristal. Claveles; crisantemos. Hiedra en jardines oscuros. Carritos de leche junto a las puertas.

Adondequiera que voy, figuras misteriosas, os veo doblando la esquina, madres e hijos; tú, tú, tú. Me apresura, los sigo. Esto, imagino, debe de ser el mar. Gris es el paisaje; apagado como ceniza; el agua murmura y se mueve. Si caigo de rodillas, si sigo el ritual, las antiguas reverencias, sois vosotros, figuras desconocidas, a quienes adoro; si abro los brazos, es a vosotros a quienes abrazo, a quienes atraigo... ¡mundo adorable!

LA MUERTE DE LA POLILLA

Las polillas que vuelan de día no deberían llamarse polillas propiamente dichas; no despiertan en nosotros esa agradable sensación de las noches oscuras de otoño y de la flor de hiedra que suele evocar la especie de alas amarillas que duerme en la sombra de la cortina. Son criaturas híbridas, ni tan alegres como las mariposas ni tan sombrías como sus verdaderas congéneres.

Sin embargo, el ejemplar que tenía ante mí, con sus estrechas alas color heno, ribeteadas del mismo tono, parecía contento con la vida. Era una mañana agradable de mediados de septiembre, suave, benigna, aunque con una leve aspereza en el aire, distinta de la de los meses de verano. El arado ya marcaba la tierra frente a la ventana, y donde antes había césped, ahora el suelo aparecía apisonado y húmedo, brillando bajo la luz.

Un vigor tan intenso emanaba de los campos y de las aguas más allá que resultaba difícil mantener la vista fija en el libro. Los grajos celebraban también alguna de sus festividades anuales; volaban alrededor de las copas de los árboles hasta que parecía como si una vasta red, con miles de nudos negros, hubiese sido lanzada al aire, para luego descender lentamente y posarse sobre las ramas, de modo que cada ramita parecía rematada por un nudo. De pronto, la red se alzaba de nuevo, trazando un círculo más amplio, con gran alboroto y vociferación, como si fuera a desplegarse otra vez en el aire y asentarse suavemente sobre los árboles. Era una escena extraordinariamente viva.

La misma energía que animaba a los grajos, a los aradores, a los caballos, e incluso, al parecer, a los finos tallos desnudos, impulsaba también a la pequeña polilla a revolotear de un lado a otro del cristal de la ventana. No se podía evitar observarla. De hecho, uno se sentía invadido por una extraña compasión hacia ella. Las posibilidades de gozo parecían aquella mañana tan vastas y tan variadas que el hecho de poseer solo la porción de vida de una polilla, y además por un solo día, parecía un destino duro; y su empeño en aprovechar al máximo esas escasas oportunidades resultaba patético.

Voló con determinación hasta una esquina de su estrecho ámbito; tras una breve pausa, voló hacia la otra. ¿Qué le quedaba sino dirigirse a una tercera y luego a una cuarta? Eso era todo lo que podía hacer, pese a la amplitud de las colinas, la extensión del cielo, el humo lejano de las casas y la voz romántica, de vez en cuando, de un vapor en alta mar. Lo que podía hacer, lo hacía.

Al observarla, parecía como si una fibra —muy fina, pero pura— de la inmensa energía del mundo se hubiera introducido en su diminuto y frágil cuerpo. Cada vez que cruzaba el cristal, me parecía ver un hilo de vida que se hacía visible. Era poco o nada, salvo vida.

Y, sin embargo, precisamente porque era tan pequeña y representaba una forma tan simple de esa energía que fluía por la ventana abierta y penetraba en tantos pasillos intrincados de mi propia mente y de la de otros seres humanos, había en ella algo maravilloso, además de patético. Era como si alguien hubiera tomado una diminuta gota de vida pura y la hubiera revestido delicadamente de pelusa y alas, haciéndola bailar y zigzaguear para mostrarnos la verdadera naturaleza de la vida. Así presentada, no podía dejar de asombrar.

Uno tiende a olvidar la vida cuando la ve encorsetada, dominada, adornada y obligada a moverse con circunspección y dignidad. En cambio, verla así, desnuda en su impulso esencial, revelaba su extrañeza. Y pensar en todo lo que esa vida podría haber sido si hubiera adoptado otra forma hacía que uno contemplara sus simples movimientos con una compasión aún mayor.

Al cabo de un rato, como si se hubiera cansado de su danza, la polilla se posó en el alféizar soleado; y, terminada la escena, me olvidé de ella. Pero al levantar la vista, volvió a atraer mi atención. Intentaba reanudar su vuelo, pero parecía rígida, incómoda; solo conseguía aletear débilmente contra el cristal, y al intentar cruzarlo, fallaba.

Ocupado en otros pensamientos, observé esos intentos inútiles sin reflexionar, esperando, como se espera de una máquina que se ha detenido momentáneamente, que volviera a funcionar por sí sola. Pero en un intento más —quizá el séptimo— resbaló del borde de madera y cayó de espaldas en el alféizar, con las alas agitándose.

Su impotencia me despertó. Comprendí que estaba en peligro; ya no podía incorporarse. Sus patas se agitaban en vano. Alargué un lápiz con la intención de ayudarla a darse la vuelta; pero entonces comprendí que ese fracaso era ya el fracaso de la muerte. Retiré el lápiz.

Las patas volvieron a agitarse. Parecía buscar un enemigo contra el cual luchar. Miré hacia el campo. Era mediodía; el trabajo se había detenido. El silencio había reemplazado la agitación anterior. Los pájaros se alimentaban en los arroyos; los caballos permanecían quietos. Sin embargo, la energía seguía allí, acumulada, indiferente, impersonal, sin dirigirse a nada en particular.

Y, de algún modo, esa fuerza se oponía a la pequeña polilla color heno.

Era inútil intervenir. Solo cabía observar los extraordinarios esfuerzos de aquellas diminutas patas contra una fatalidad inminente, que, de haber querido, habría podido aniquilar no solo a una ciudad, sino a multitudes enteras. Nada —lo sabía— podía enfrentarse a la muerte.

Sin embargo, tras una breve pausa de agotamiento, las patas volvieron a moverse. Fue un último gesto magnífico, tan desesperado que, por un instante, logró incorporarse. Naturalmente, toda simpatía estaba del lado de la vida. Y cuando no hay nadie a quien le importe o que siquiera lo advierta, ese esfuerzo gigantesco por parte de una criatura insignificante contra un poder tan vasto, para conservar lo que nadie más valoraba, resulta profundamente conmovedor.

De nuevo, de algún modo, se hacía visible la vida, en estado puro.

Levanté otra vez el lápiz, aunque sabía que era inútil. Pero en ese mismo instante se hicieron evidentes los signos inequívocos de la muerte. El cuerpo se relajó y quedó rígido. La lucha había terminado. La diminuta criatura había conocido la muerte.

Mientras contemplaba la polilla muerta, ese pequeño triunfo de una fuerza tan grande sobre un adversario tan insignificante me llenó de asombro. Así como la vida había parecido extraña unos momentos antes, ahora la muerte lo era igualmente.

La polilla, tras incorporarse, yacía ahora con una decencia tranquila, sin queja alguna.

Sí —parecía decir—, la muerte es más fuerte que yo.

LA MARCA EN LA PARED

Quizá fue a mediados de enero del presente cuando levanté la vista por primera vez y vi la marca en la pared. Para fijar una fecha es necesario recordar lo que se vio. Así que ahora pienso en el incendio; la constante película de luz amarilla sobre la página de mi libro; los tres crisantemos en el cuenco redondo de cristal sobre la repisa de la chimenea. Sí, debía de ser invierno, y acabábamos de terminar nuestro té, porque recuerdo que estaba fumando un cigarrillo cuando levanté la vista y vi la marca en la pared por primera vez. Miré hacia arriba a través del humo de mi cigarrillo y mi mirada se fijó por un momento en las brasas encendidas, y esa vieja fantasía de la bandera carmesí ondeando desde la torre del castillo vino a mi mente, y pensé en la cabalgata de caballeros rojos bajando por la ladera de la roca negra. Para mi alivio, la vista de la marca interrumpió la fantasía, pues es una fantasía antigua, automática, quizá hecha en la niñez. La marca era una pequeña mancha redonda, negra sobre la pared blanca, a unas seis o siete pulgadas por encima de la repisa de la chimenea.

Qué rápido nuestros pensamientos se lanzan sobre un objeto nuevo, levantándolo un poco, como las hormigas cargan una brizna de paja con tanta febrilidad, y luego la dejan... Si esa marca la hizo un clavo, no podía ser para un cuadro; debía de ser para una miniatura: la miniatura de una dama con rizos blancos y polvos, mejillas empolvadas y labios como claveles rojos. Un fraude, por supuesto, porque quienes tenían esta casa antes que nosotros habrían escogido los cuadros de esa manera: un cuadro antiguo para una habitación antigua. Ese es el tipo de personas que eran: personas muy interesantes, y pienso en ellas tan a menudo, en lugares tan peculiares, porque nunca las volveremos a ver, nunca se sabe qué pasó después. Querían salir de esta casa porque deseaban cambiar su estilo de mobiliario, según él, y estaba en proceso de decir que, en su opinión, el arte debía tener ideas detrás, cuando nos separamos, como se separan la anciana que está a punto de servir el té y el joven a punto de golpear la pelota de tenis en el jardín trasero de una villa suburbana mientras uno pasa corriendo en el tren.

Pero en cuanto a esa marca, no estoy segura; no creo que se hiciera con un clavo, después de todo; es demasiado grande, demasiado redonda, para eso. Podría levantarme, pero si me levantara y la mirara, diez a uno no podría asegurar nada; porque una vez que algo está hecho, nadie sabe cómo ocurrió. ¡Oh, Dios mío, el misterio de la vida! ¡La inexactitud del pensamiento! ¡La ignorancia de la humanidad! Para mostrar lo poco control que tenemos sobre nuestras posesiones —qué asunto tan accidental es esta vida, después de todo nuestra civilización—, permítanme contar algunas de las cosas perdidas en una vida, empezando, porque eso parece siempre la pérdida más misteriosa —¿qué gato roería, qué rata mordisquearía?— , por tres cajitas azul pálido de herramientas para encuadernar. Luego estaban las jaulas de pájaros, los aros de hierro, los patines de acero, el atizador Queen Anne, la tabla de bagatelas, el órgano de mano... todo desaparecido, y también las joyas. Ópalos y esmeraldas se encuentran alrededor de las raíces de los nabos.

¡Qué desorden es esa verdad, qué montón de trastos! Lo sorprendente es que lleve ropa puesta, que esté sentado rodeado de muebles sólidos en este momento. ¡Si uno quiere comparar la vida con algo, debe compararla con ser lanzado por el metro a cincuenta millas por hora, aterrizando al otro lado sin una sola horquilla en el pelo! ¡Arrojado a los pies de Dios completamente desnudo! ¡Rodando de cabeza por los prados de asfódelos como paquetes de papel marrón lanzados por una abertura en la oficina de correos! Con el pelo volando hacia atrás como la cola de un caballo de carreras. Sí, eso parece expresar la rapidez de la vida, el desperdicio y la reparación perpetuos; todo tan casual, todo tan desordenado... Pero después de la vida, el lento tirón hacia abajo de gruesos tallos verdes, de modo que la copa de la flor, al girarse, inunda de luz púrpura y roja. ¿Por qué, al fin y al cabo, no se nace allí como se nace aquí, indefenso, sin palabras, incapaz de enfocar la vista, tanteando las raíces de la hierba, los dedos de los gigantes? En cuanto a decir cuáles son árboles, cuáles son hombres y mujeres, o si existen tales cosas, no se estará en condiciones de hacerlo durante unos cincuenta años.

No habrá más que espacios de luz y oscuridad, atravesados por gruesos tallos, y quizá más arriba manchas en forma de rosa, de un color indistinto —rosas y azules tenues—, que con el tiempo se volverán más definidos, se convertirán en... no sé qué. Y, sin embargo, esa marca en la pared no es un agujero en absoluto. Puede incluso haber sido causada por alguna sustancia negra y redonda, como una pequeña hoja de rosa, que quedó del verano; y yo, que no soy un ama de casa muy vigilante —mira el polvo sobre la repisa de la chimenea, por ejemplo, el polvo que, según dicen, enterró Troya tres veces, solo fragmentos de vasijas negándose por completo a la aniquilación, como puede creerse—. El árbol fuera de la ventana golpea muy suavemente el cristal...

Quiero pensar en silencio, con calma, con espacio, sin ser interrumpida, sin tener que levantarme de la silla, deslizarme fácilmente de una cosa a otra, sin ningún sentimiento de hostilidad ni de obstáculo. Quiero hundirme cada vez más, lejos de la superficie, con sus hechos duros y separados. Para afirmarme, déjame atrapar la primera idea que se me pase... Shakespeare. Bueno, servirá tan bien como cualquier otra. Un hombre que se sentaba firmemente en un sillón y miraba el fuego, así que... Una lluvia de ideas caía perpetuamente desde algún cielo muy alto a través de su mente.

Apoyó la frente en la mano, y la gente, mirando por la puerta abierta —porque esta escena se supone que transcurre en una noche de verano—... ¡Pero qué aburrida es esta ficción histórica! No me interesa en absoluto. Ojalá pudiera encontrar una línea de pensamiento agradable, una veta que arrojara indirectamente algún crédito sobre mí, porque esos son los pensamientos más agradables, y muy frecuentes incluso en la mente de personas modestas y apagadas, que creen genuinamente que no les gusta escuchar sus propios elogios. No son pensamientos que se alaban directamente a uno mismo; esa es su belleza; son pensamientos como este: «Y entonces entré en la habitación. Estaban hablando de botánica. Les conté que había visto una flor creciendo en un montón de polvo en el solar de una casa antigua en Kingsway. La semilla —dije— debió de sembrarse en el reinado de Carlos I. ¿Qué flores crecían durante el reinado de Carlos I?», pregunté... (pero no recuerdo la respuesta). Flores altas con borlas moradas, quizá. Y así sigue.

Todo el tiempo visto la figura de mí misma en mi propia mente, con cariño, sigilosamente, sin adorarla abiertamente, porque si lo hiciera, me sorprendería y estiraría la mano de inmediato hacia un libro a modo de autoprotección. De hecho, resulta curioso cómo uno protege instintivamente la imagen de uno mismo de la idolatría o de cualquier otro manejo que pueda hacerla ridícula o demasiado diferente del original para poder creer ya en ella. ¿O no es tan curioso, después de todo? Es un asunto de gran importancia. Supongamos que el espejo se rompe y la imagen desaparece, y la figura romántica con el verde de las profundidades del bosque a su alrededor ya no está ahí, sino solo esa cáscara de persona que ven los demás: ¡qué mundo tan vacío, superficial, calvo y prominente se vuelve! Un mundo en el que no se puede vivir. Mientras nos enfrentamos en ómnibus y trenes subterráneos, nos miramos al espejo que explica la vaguedad, el brillo vidrioso de nuestros ojos. Y los novelistas en el futuro comprenderán cada vez más la importancia de estas reflexiones, porque, por supuesto, no hay una sola reflexión sino un número casi infinito; esas son las profundidades que explorarán, esos los fantasmas que perseguirán, dejando cada vez más fuera la descripción de la realidad de sus historias, dando por sentado su conocimiento, como hicieron los griegos y quizá Shakespeare, pero estas generalizaciones son muy inútiles.

El sonido militar de la palabra es suficiente. Recuerda a artículos de fondo, ministros del gabinete: toda una clase de cosas que, de niño, uno pensaba que eran la cosa misma, la cosa establecida, la real, de la que no se podía apartar salvo a riesgo de una condena innominada. Las generalizaciones traen de vuelta, de algún modo, el domingo en Londres, los paseos del domingo por la tarde, los almuerzos dominicales y también ciertas maneras de hablar de los muertos, de la ropa y de las costumbres, como la costumbre de sentarse todos juntos en una misma habitación hasta cierta hora, aunque a nadie le gustara. Hay una regla para todo. La norma para los manteles en esa época era que debían estar hechos de tapicería con pequeños compartimentos amarillos marcados, como se puede ver en fotografías de alfombras en los pasillos de los palacios reales.

Los manteles de otro tipo no eran manteles reales. Qué impactante, y a la vez qué maravilloso, fue descubrir que esas cosas reales —almuerzos dominicales, paseos dominicales, casas de campo y manteles— no eran del todo reales, sino en realidad medio fantasmas, y que la condena que visitaba al incrédulo en ellas era solo un sentido de libertad ilegítima. Me pregunto qué sustituirá ahora a esas cosas, esas cosas realmente establecidas. Hombres, quizás, si eres mujer; el punto de vista masculino que rige nuestras vidas, que marca el estándar, que establece la Tabla de Precedencia de Whitaker, que supongo que desde la guerra se ha convertido en medio fantasma para muchos hombres y mujeres, y que pronto —esperemos— será arrojado al cubo de basura donde van a parar los fantasmas, los aparadores de caoba y las copias de Landseer, los dioses y demonios, el infierno y todo eso, dejándonos a todos con una embriagadora sensación de libertad ilegítima... si es que existe la libertad...

Con ciertas luces, esa marca en la pared parece realmente sobresalir de la pared. Tampoco es completamente circular. No puedo estar segura, pero parece proyectar una sombra perceptible, sugiriendo que, si pasara el dedo por esa franja de muro, en cierto punto montaría y descendería un pequeño túmulo, liso como esos túmulos en los South Downs que, dicen, son o bien tumbas o campamentos. De las dos cosas, preferiría que fueran tumbas, deseando melancolía como la mayoría de los ingleses, y encontrando natural, al final de un paseo, pensar en los huesos extendidos bajo el césped...

Debe de haber algún libro sobre ello. Algún anticuario debió de desenterrar esos huesos y ponerles nombre… ¿Qué clase de hombre es un anticuario, me pregunto? En su mayoría, coroneles retirados, me atrevo a decir, guiando grupos de trabajadores ancianos hasta la cima de aquí, examinando terrones de tierra y piedra, y manteniendo correspondencia con el clero vecino, que, al abrirse a la hora del desayuno, les da una sensación de importancia; y la comparación de puntas de flecha obliga a viajar por todo el país hasta las ciudades del condado, una necesidad agradable tanto para ellos como para sus ancianas esposas, que desean hacer mermelada de ciruela o limpiar el despacho, y tienen todas las razones para mantener esa gran cuestión del campamento o la tumba en suspensión perpetua, mientras el propio coronel se siente agradablemente filosófico al acumular pruebas en ambos lados de la cuestión.

Es cierto que al final tiende a creer en el campamento; y, al sostener esa opinión, redacta un panfleto que está a punto de leer en la reunión trimestral de la sociedad local cuando un derrame cerebral le derriba, y sus últimos pensamientos conscientes no son para esposa o hijo, sino para el campamento y para esa punta de flecha allí, que ahora se encuentra en el museo local, junto con el pie de una asesina china, un puñado de clavos isabelinos, muchas pipas de barro Tudor, un trozo de cerámica romana y la copa de vino de la que bebió Nelson; demostrando realmente no sé qué.

No, no, nada está probado, nada se sabe. Y si me levantara en este mismo momento y comprobara que la marca en la pared es realmente —¿cómo diremos?— la cabeza de un viejo clavo gigantesco, clavado hace doscientos años, que ahora, debido a la paciente desaparición de muchas generaciones de criadas, ha mostrado su cabeza por encima de la capa de pintura, y si al ver por primera vez la vida moderna se encuentra en una sala de paredes blancas iluminada por el fuego, ¿qué ganaría yo? ¿Conocimiento? ¿Materia para más especulación? Puedo pensar estando quieta igual que de pie. ¿Y qué es el conocimiento? ¿Qué son nuestros eruditos, sino los descendientes de brujas y ermitaños que se agachaban en cuevas y bosques elaborando hierbas, interrogando musarañas y escribiendo el lenguaje de las estrellas? Y cuanto menos los honramos, a medida que nuestras supersticiones disminuyen y nuestro respeto por la belleza y la salud mental aumenta… Sí, uno podría imaginar un mundo muy agradable.

Un mundo tranquilo y espacioso, con flores tan rojas y azules en los campos abiertos. Un mundo sin profesores, especialistas ni amas de llaves con perfil de policía; un mundo que uno podría cortar con el pensamiento como un pez corta el agua con su aleta, rozando los tallos de los nenúfares, suspendido sobre nidos de huevos blancos de mar… Qué pacífico sería ahogarse aquí, arraigado en el centro del mundo y mirando hacia arriba a través de las aguas grises, con sus repentinos destellos de luz y sus reflejos… si no fuera por el Almanaque de Whitaker, si no fuera por la Tabla de Precedencia.

Debo saltar y ver por mí misma qué es realmente esa marca en la pared: ¿un clavo, una hoja de rosa, una grieta en la madera? Aquí está la naturaleza una vez más en su viejo juego de autopreservación. Este pensamiento, percibo, amenaza con un mero gasto de energía, incluso con algún choque con la realidad, porque ¿quién podrá mover un dedo contra la Tabla de Precedencia de Whitaker?

El arzobispo de Canterbury es sucedido por el Lord Gran Canciller; el Lord Gran Canciller es sucedido por el arzobispo de York. Todo el mundo sigue a alguien; esa es la filosofía de Whitaker; y lo mejor es saber quién sigue a quién. Whitaker lo sabe, y deja que eso, así que la naturaleza te aconseje, te consuele, en vez de enfurecerte; y si no puedes ser consolada, si tienes que romper esta hora de paz, piensa en la marca de la pared.

Entiendo el juego de la naturaleza: su instigación a actuar como una forma de acabar con cualquier pensamiento que amenace con excitarnos o con causarnos dolor. Supongo que de ahí surge nuestro leve desprecio por los hombres de acción: hombres, suponemos, que no piensan. Aun así, no hay daño en poner fin a los pensamientos desagradables mirando una marca en la pared. De hecho, ahora que he fijado la vista en ella, siento que he agarrado una tabla en el mar; siento una satisfactoria sensación de realidad que a la vez convierte a los dos arzobispos y al Lord Gran Canciller en sombras de sombras. Aquí hay algo definitivo, algo real.

Así, al despertar de un sueño de medianoche de horror, uno enciende la luz apresuradamente y se queda quieto, adorando la cómoda, adorando la solidez, adorando la realidad, adorando el mundo impersonal que es prueba de alguna existencia distinta a la nuestra. Eso es lo que uno quiere asegurarse…

La madera es algo agradable en lo que pensar. Proviene de un árbol; y los árboles crecen, y no sabemos cómo crecen. Durante años y años crecen, sin prestarnos atención, en prados, bosques y junto a ríos, todas cosas en las que uno quiere pensar. Las vacas mueven la cola bajo ellos en las tardes calurosas; pintan ríos tan verdes que, cuando una gallineta se sumerge, uno espera ver sus plumas completamente verdes cuando vuelve a salir. Me gusta pensar en los peces equilibrados contra la corriente como banderas sopladas; y en los escarabajos de agua que lentamente saquean cúpulas de barro sobre el lecho del río.

Me gusta pensar en el árbol mismo: primero la sensación de sequedad íntima de ser madera; luego el crujido de la tormenta; luego la lenta y deliciosa impregnación de savia. También me gusta pensarlo en las noches de invierno, de pie en el campo vacío, con todas las hojas caídas, nada sensible expuesto a las balas de hierro de la luna, un mástil desnudo sobre una tierra que cae, cae, toda la noche. El canto de los pájaros debe sonar muy fuerte y extraño en junio; y qué fríos deben de sentir los pies de los insectos sobre él, mientras avanzan laboriosamente por los pliegues de la corteza, o se bañan al sol sobre el fino toldo verde de las hojas, y miran directamente frente a ellos con ojos rojos tallados como diamantes…

Una a una, las fibras se rompen bajo la inmensa presión fría de la tierra; luego llega la última tormenta y, al caer, las ramas más altas se hunden de nuevo profundamente en la tierra. Aun así, la vida no ha terminado; todavía hay un millón de vidas pacientes y vigilantes para un árbol, en todo el mundo, en dormitorios, en barcos, en la acera, en las salas, donde hombres y mujeres se sientan después del té, fumando cigarrillos.

Este árbol está lleno de pensamientos pacíficos, pensamientos felices. Me gustaría tomar cada uno por separado, pero algo se interpone… ¿Dónde iba? ¿De qué ha tratado todo esto? ¿De un árbol? ¿De un río? ¿De los Downs? ¿Del Almanaque de Whitaker? ¿De los campos de asfódelos? No recuerdo nada. Todo se mueve, cae, resbala, desaparece… Hay un gran trastorno de la materia.

Alguien está de pie detrás de mí diciendo:

—Voy a salir a comprar un periódico.

—¿Sí?

—Aunque no sirve de nada comprar periódicos… Nunca pasa nada. ¡Maldita sea esta guerra! ¡Maldita sea esta guerra!… Aun así, no veo por qué deberíamos tener un caracol en la pared.

¡Ah, la marca en la pared!

Era un caracol.

TRES CUADROS

PRIMER CUADRO

Es imposible que no veamos cuadros; porque si mi padre fuera herrero y el tuyo un noble del reino, necesariamente nos veríamos como imágenes el uno para el otro. No podemos salir del marco del cuadro hablando con palabras naturales. Tú me ves apoyado en la puerta de la herrería con una herradura en la mano y piensas al pasar: «¡Qué pintoresco!». Yo, al verte sentado tan cómodamente en el coche, casi como si fueras a inclinarte ante el pueblo, pienso: «¡Qué imagen de la antigua y lujosa Inglaterra aristocrática!». Sin duda ambos estamos equivocados en nuestros juicios, pero eso es inevitable.

Así, en una curva del camino, vi uno de esos cuadros. Podría haberse titulado «El regreso del marinero» o algo por el estilo. Un joven marinero vigoroso cargando un hatillo; una muchacha con la mano sobre su brazo; los vecinos reuniéndose alrededor; un jardín de cabaña en llamas de flores; y, al pasar, uno leía en la parte inferior de ese cuadro que el marinero había regresado de China, que en la sala lo esperaba una buena mesa servida, que traía un regalo para su joven esposa en el hatillo, y que ella pronto daría a luz a su primer hijo.

Todo estaba bien y como debía estar, se sentía al contemplar ese cuadro. Había algo sano y satisfactorio en la visión de tal felicidad; la vida parecía más dulce y más envidiable que antes. Pensando así, pasé junto a ellos, completando la escena tan plenamente como pude: notando el color de su vestido, el de sus ojos, viendo al gato color arena deslizarse alrededor de la puerta de la casa.

Durante algún tiempo el cuadro permaneció ante mis ojos, haciendo que la mayoría de las cosas parecieran más brillantes, más cálidas y más simples de lo habitual; y haciendo que algunas cosas parecieran absurdas, otras erróneas y otras correctas, y todas más llenas de sentido. En momentos sueltos durante ese día y el siguiente, la imagen regresaba a la mente, y uno pensaba con envidia, pero con benevolencia, en el feliz marinero y su esposa; se preguntaba qué estarían haciendo, qué estarían diciendo en ese momento.

La imaginación aportaba nuevas escenas nacidas de la primera: el marinero cortando leña, sacando agua; ambos hablando de China; la muchacha colocando el regalo en la repisa de la chimenea para que todos lo vieran; cosiendo la ropa del bebé; con puertas y ventanas abiertas al jardín, de modo que los pájaros revoloteaban y las abejas zumbaban; y Rogers —así se llamaba— no podía expresar cuánto le agradaba todo aquello después de los mares de China, mientras fumaba su pipa con el pie en el jardín.

SEGUNDO CUADRO

En mitad de la noche, un grito desgarró el pueblo. Luego se oyó un forcejeo y, después, un silencio absoluto.

Lo único que podía verse desde la ventana era la rama de un lilo, inmóvil y pesada, extendida sobre el camino. Era una noche cálida y quieta. No había luna. El grito volvía todo ominoso.

¿Quién había gritado? ¿Por qué? Era una voz de mujer, nacida de un sentimiento extremo, casi sin sexo, casi sin expresión. Como si la naturaleza humana hubiese clamado contra alguna iniquidad, algún horror inexpresable.

Silencio absoluto. Las estrellas brillaban inmóviles. Los campos estaban quietos. Los árboles no se movían. Y, sin embargo, todo parecía culpable, condenado, amenazante.

Uno sentía que algo debía hacerse. Alguna luz debería aparecer, agitándose. Alguien debería correr por el camino. Deberían encenderse luces en las ventanas de las casas. Y entonces quizá otro grito, menos despojado, menos inarticulado, aliviado, consolado.

Pero no apareció ninguna luz. No se oyeron pasos. No hubo un segundo grito. El primero fue absorbido, y quedó un silencio total.

Uno permanecía acostado en la oscuridad, escuchando atentamente. Había sido solo una voz. Nada la vinculaba a nada. Ninguna imagen surgía para interpretarla, para hacerla comprensible. Pero cuando por fin amaneció, lo único que se veía era una forma humana vaga, casi sin contorno, levantando un brazo gigantesco en vano contra una iniquidad abrumadora.

TERCER CUADRO

El buen tiempo continuó sin interrupción. De no haber sido por aquel grito nocturno, uno habría pensado que la tierra había entrado en puerto; que la vida había dejado de ser arrastrada por el viento; que había llegado a una ensenada tranquila y allí permanecía anclada, apenas moviéndose en aguas calmas.

Pero el sonido persistía.

Adondequiera que uno fuera —quizá en una larga caminata por las colinas—, algo parecía agitarse inquieto bajo la superficie, haciendo que la paz y la estabilidad parecieran ligeramente irreales. Allí estaban las ovejas agrupadas en la ladera; el valle se desplegaba en largas ondulaciones como aguas suaves. Se encontraban casas de campo solitarias. Un cachorro rodaba en el patio. Las mariposas jugueteaban sobre los arbustos.

Todo era tan tranquilo, tan seguro como podía ser. Y, sin embargo, uno no dejaba de pensar que un grito lo había rasgado; que toda esa belleza había sido cómplice aquella noche; había consentido en permanecer serena, en seguir siendo hermosa; y en cualquier momento podría desgarrarse de nuevo. Esa bondad, esa seguridad, solo estaban en la superficie.

Entonces, para aliviar esa inquietud, uno volvía al cuadro del regreso del marinero. Lo reconstruía de nuevo, añadiendo detalles —el azul del vestido, la sombra del árbol amarillo— que antes no había percibido. Allí estaban, en la puerta de la casa: él con su hatillo, ella tocando apenas su manga; el gato color arena merodeando.

Así, repasando cada detalle, uno se convencía poco a poco de que era más probable que bajo la superficie residieran la calma, la bondad y la satisfacción, y no algo siniestro. Las ovejas, el valle, la casa, el cachorro, las mariposas: todo debía de ser así en lo profundo.

Y así regresaba uno a casa con la mente fija en el marinero y su esposa, creando imagen tras imagen de felicidad para aplastar ese grito horrible, hasta hacerlo desaparecer.

Finalmente, se llegaba al pueblo, y al cementerio por el que había que pasar. Y surgía el pensamiento habitual: la paz del lugar, con sus tejos sombríos, sus lápidas gastadas, sus tumbas sin nombre.

La muerte aquí es alegre, pensaba uno.

Y, en efecto, mirad ese cuadro: un hombre cavaba una tumba, mientras unos niños hacían un picnic a su lado. Mientras las paladas de tierra amarilla salían volando, los niños se desparramaban comiendo pan con mermelada y bebiendo leche en grandes tazas. La esposa del sepulturero, una mujer rubia y robusta, se apoyaba en una lápida, con el delantal extendido sobre la hierba junto a la tumba abierta, usándolo como mesa de té. Algunos terrones de tierra habían caído entre las cosas.

—¿Quién va a ser enterrado? —pregunté—. ¿Ha muerto por fin el viejo señor Dodson?

—¡Oh, no! Es para el joven Rogers, el marinero —respondió la mujer, mirándome fijamente—. Murió hace dos noches de una fiebre extranjera. ¿No oyó a su esposa?

Salió corriendo al camino y gritó…

—¡Aquí, Tommy, estás lleno de tierra!

¡Qué cuadro formaba!

EL VESTIDO NUEVO

Mabel tuvo la primera sospecha seria de que algo no iba bien al quitarse la capa; y la señora Barnet, al alcanzarle el espejo y tomar los cepillos, llamó su atención —un tanto exageradamente, tal vez— sobre la ropa en la mesa y todos los artefactos para arreglar el cabello, cuidar el cutis y la ropa, que yacían sobre el tocador, confirmando así la sospecha de que algo no iba bien, nada bien; y la sospecha aumentaba mientras subía las escaleras y se abalanzaba sobre Clarissa Dalloway; y después de saludarla, corrió hacia el fondo de la habitación, donde en un rincón oscuro colgaba un espejo, y se miró.

¡No! No estaba bien.

Y de inmediato, la tristeza que siempre intentaba ocultar, esa profunda insatisfacción —la sensación de inferioridad que siempre, desde niña, había sentido frente a las otras personas— se fue apoderando de ella, implacable, sin piedad, con una intensidad de la que no podía librarse leyendo a Borrow o a Scott, como lo hacía en su casa al despertarse por las noches; porque estos hombres, estas mujeres, todos pensaban: «¿Qué se ha puesto Mabel? ¡Qué mal se ve! ¡Qué espantoso vestido!», pestañeando deprisa y entrecerrando los ojos.

La deprimía su total incompetencia, su cobardía; su sangre fría. Y de inmediato, toda la habitación, donde durante horas había planeado con el modisto cómo sería, se veía sórdida, repulsiva. Y su sala de estar, tan fea; y ella misma, que había salido de su casa orgullosa, y antes de hacerlo tomó las cartas sobre la mesa del hall y dijo: «¡Qué aburrido!», para presumir. Todo eso le parecía ahora tan estúpido, tan mediocre. Todo eso se destruyó, voló por los aires en el momento en que entró en la sala de estar de la señora Dalloway.

Lo que había pensado aquella tarde, sentada frente a las tazas de té, al llegar la invitación de la señora Dalloway, fue que, desde luego, no podía vestir a la moda. Era absurdo siquiera intentarlo. La moda era sinónimo de buen corte, de estilo, de treinta guineas de gasto al menos. ¿Pero por qué no ser original? ¿Por qué no ser ella misma, después de todo? Se levantó y buscó el viejo figurín de su madre, un figurín del París del Imperio; y pensó cuánto más bonitas, más dignas, más femeninas eran las mujeres en ese tiempo. Entonces decidió —oh, qué idea más absurda— que intentaría parecerse a una de ellas, que presumiría, de hecho, de ser modesta y anticuada; y se entregó sin dudarlo a una orgía de narcisismo, que merecía ser castigada, y salió así vestida.

Pero no se animó a mirarse al espejo. No pudo enfrentar todo el horror: el vestido de seda amarillo claro, ridículamente pasado de moda, con la falda larga y esas mangas aparatosas, y esa cintura, y todo aquello que se veía tan bien en el libro pero no en ella, no entre todas esas personas comunes y corrientes. Se sintió el tonto maniquí de un modisto, puesto allí para que los jóvenes le pincharan alfileres.

—¡Pero, querida, te ves encantadora! —dijo Rose Shaw, mirándola de arriba abajo, frunciendo los labios con ironía, tal como ella esperaba. Rose vestía completamente a la moda, al igual que todo el resto, siempre.

Somos como moscas arrastrándose hasta el borde del plato, pensó Mabel, y repitió la frase como si estuviera exorcizándose, como si quisiera encontrar una fórmula para detener el dolor, para hacer tolerable la agonía. Cuando sentía dolor, citas de Shakespeare o pasajes de libros que había leído hacía años se le venían a la mente de repente, y las repetía una y otra vez.

«Moscas arrastrándose», repitió.

Si pudiera decirlo tantas veces como para llegar a ver efectivamente las moscas, se quedaría adormecida, quieta, muda. Ahora podía verlas salir lentamente de una jarra de leche, con las alas pegadas; y se esforzó más y más (de pie frente al espejo, escuchando a Rose Shaw) para ver a Rose Shaw y al resto de los invitados como moscas, intentando salir de algún lugar o meterse en otro, insignificantes, torpes moscas trabajando penosamente. Pero no podía verlos así, no a los otros. Podía verse a sí misma así; ella era una mosca, pero ellos eran libélulas, mariposas, insectos bellos, danzando, revoloteando, sobrevolando, mientras que solo ella se arrastraba hasta el borde de la jarra. (La envidia y el resentimiento, los sentimientos más detestables, eran sus principales defectos).

—Me siento una horrible y deprimente mosca, vieja y sin gracia —dijo, haciendo que Robert Haydon se detuviera justo para oírla decirlo, justo para reafirmarse articulando una frase de lo más pobre y así demostrar cuánto desentonaba, y qué bueno era que no se sintiera en absoluto fuera de lugar.

Y, desde luego, Robert Haydon respondió algo bastante correcto, bastante falso, que ella interpretó al instante, y se dijo a sí misma (otra frase sacada de un libro): «¡Mentiras, mentiras, mentiras!».

Pues una fiesta puede hacer todo mucho más real, o todo mucho menos real, pensó. De repente vio en lo profundo el corazón de Robert Haydon, lo vio todo. Vio la verdad. Esto era verdad: esta sala, este ser, y no el otro. El pequeño taller de la señorita Milan era realmente caluroso, viciado, sórdido. Olía a ropa y a repollo cocinándose; y aun así, cuando la señorita Milan puso el espejo en su mano y ella se miró con el vestido terminado, una dicha extraordinaria le atravesó el pecho.

Bañada en luz, sintió que volvía a nacer. Libre de cuidados y arrugas, lo que había soñado de sí misma estaba allí: una mujer bella. Por un segundo (no se atrevió a mirar más tiempo; la señorita Milan quería saber el largo de la falda) la miró, dentro del marco de caoba, con ese estrafalario atuendo: una joven encantadora, de tez blanca y sonrisa misteriosa; su esencia, su alma.

Y no era simple vanidad o narcisismo lo que la hacía pensar que era un alma buena, cariñosa y sincera.

La señorita Milan dijo que la falda no podía ser más larga. En todo caso —dijo, frunciendo el ceño, muy concentrada en su trabajo— debía ser más corta. Y de repente se sintió, honestamente, llena de amor por ella; sintió que la quería más que a nadie en el mundo, y podría haber llorado de tristeza al verla en el suelo, con la boca llena de alfileres, el rostro rojo y esos ojos saltones. Que un ser humano hiciera algo así por otro… Y los vio a todos como simples seres humanos, y a ella yendo a la fiesta, y a la señorita Milan tapando la jaula del canario o dejándolo tomar una semilla de cáñamo de entre sus labios.

Y pensar en eso, pensar en ese costado de la naturaleza humana, en su paciencia y su tolerancia, y en que esté satisfecha con placeres tan sencillos, tan escasos, tan pequeños, le llenó los ojos de lágrimas.

Y ahora todo había desaparecido. El vestido, la habitación, el amor, la tristeza, el espejo, la jaula del canario… Todo había desaparecido, y allí estaba, en el rincón de la sala de estar de la señora Dalloway, padeciendo ese martirio, despertando a la realidad.

A su edad, y con dos hijos, era un síntoma de tanta mezquindad, de tanta debilidad y falta de inteligencia, seguir dependiendo tanto de las opiniones de los otros; no tener principios ni convicciones. No ser capaz de decir, como otras personas: «¡Eso es Shakespeare! ¡Eso es la muerte! No somos más que una gota de agua en el océano», o lo que fuera que dijesen.

Se miró fijo en el espejo; se dio una palmada en el hombro izquierdo y entró en la sala, como si desde todos los ángulos le arrojaran lanzas a su vestido. Pero, en lugar de mostrarse enfadada o lastimada, como lo habría hecho Rose Shaw (Rose se habría mostrado como Boudica), se mostró algo tonta y tímida; y, sonriendo como una colegiala, caminó con los hombros caídos por la habitación, sigilosamente, como un perro con la cola entre las patas.

Miró un cuadro, un grabado. ¡Como si alguien fuera a una fiesta a mirar un cuadro! Todos sabían por qué lo hacía: por vergüenza, por humillación.

«Ahora la mosca está en la jarra», se dijo a sí misma, «justo en el medio, y no puede salir; y la leche», pensó rígida, mirando el cuadro, «está pegando sus alas».

—Es tan anticuado —le dijo a Charles Burt, interrumpiéndolo (algo que de por sí él detestaba) a su paso de ir a hablar con otra persona.

Quiso que pareciera, o intentó que pareciera, que se refería al cuadro y no al vestido cuando dijo «anticuado». Y una palabra de elogio o afecto por parte de Charles habría hecho toda la diferencia en ese momento. Si tan solo hubiera dicho: «Mabel, luces encantadora esta noche», habría cambiado su vida. Pero entonces tendría que haber sido franco y directo. Charles, desde luego, no dijo nada por el estilo. Era la maldad en persona. Siempre escrutando a los otros, especialmente si se sentían particularmente mal, inseguros o tontos.

—¡Mabel tiene un vestido nuevo! —exclamó, y empujó a la pobre mosca al medio de la jarra.

En verdad le gustaría que se ahogara, creía ella. No tenía corazón, ningún tipo de verdadera bondad, tan solo una falsa simpatía. La señorita Milan era mucho más real, mucho más generosa. Si tan solo uno pudiera ver eso y apegarse a esas personas.

«¿Por qué», se preguntó, «le respondió a Charles de modo tan impertinente, demostrándole así que estaba de mal humor o "alterada", como dijo él ("¿Algo alterada?", dijo y se fue a reír de ella con una mujer que estaba por allí)? ¿Por qué no puedo sentir algo de una vez y para siempre, segura de que la señorita Milan está en lo cierto y Charles no, y apegarme a eso; segura del canario, de la tristeza y el amor, y no sentirme inmediatamente castigada al entrar en una sala llena de personas?».

Otra vez su detestable, débil, indecisa personalidad, siempre llamando la atención en los momentos críticos y nunca interesada de verdad en el estudio de los moluscos, la etimología, la botánica, la arqueología, el cultivo de patatas y verlas crecer, como Mary Dennis, como Violet Searle.

La señora Holman, viéndola allí sola, se acercó caminando con desgana. Desde luego, algo como un vestido estaba lejos de escandalizarla, con unos hijos siempre rodando por la escalera o cogiendo la escarlatina. ¿Podía Mabel decirle si Elmthorpe se alquilaba en agosto o en septiembre?

¡Oh, qué conversación más aburrida! Detestaba que la trataran como una vendedora de casas o un mensajero, que la usaran; que no la valoraran, eso era —pensó—, intentando asirse de algo sólido, algo real, mientras articulaba una respuesta coherente acerca del baño y el sur, y el agua caliente hasta el piso de arriba de la casa.

Y todo el tiempo podía ver fragmentos de su vestido amarillo en el espejo redondo, que los reflejaba del tamaño de un botón o de un renacuajo. Y era sorprendente pensar cuánta humillación y agonía, cuánto desprecio por uno mismo, y cuánto esfuerzo y bruscos cambios de estado de ánimo había en algo del tamaño de una moneda.

Y lo que era más extraño aún, esta cosa, esta Mabel Waring, estaba separada, desconectada; y aunque la señora Holman (el botón negro) estaba inclinada hacia adelante contándole cómo su hijo mayor había esforzado su corazón corriendo, podía verla también, separada, en el espejo. Y era imposible que el punto negro, inclinado hacia adelante, gesticulando, lograra que el amarillo, sentado solo, centrado en sí mismo, sintiera lo mismo que el negro; pero los dos fingían.

«¡Es imposible tenerlos quietos!», era el tipo de cosas que se decían.

Y la señora Holman, para quien la atención que se le brindaba nunca era suficiente y tomaba lo poco que hubiera con avaricia, como si fuera su derecho (aunque merecía mucho más porque su hija se había despertado esa mañana con una rodilla inflamada), tomaba esa oferta miserable y la miraba con sospecha, de mala gana, como si fuera medio penique cuando debería haber sido una libra; lo guardaba en su cartera; debía aceptarlo, aunque fuera una miseria, pues eran tiempos duros, muy duros.

Y herida, la señora Holman siguió hablando, cacareando sobre la niña con la rodilla inflamada. Qué trágica era esa codicia, ese grito desesperado del ser humano, como una bandada de cormoranes agitando las alas para llamar la atención de los otros. Qué trágico era, ¡si tan solo uno pudiera sentirlo de veras en lugar de fingirlo!

Pero esa noche, con ese vestido amarillo, no podía escurrir una gota más; lo quería todo para ella, todo. Sabía (seguía mirándose al espejo, hundiéndose en la espantosa piscina de las apariencias) que la despreciaban, la condenaban, la dejaban como agua estancada por ser como era: débil, indecisa. Y le parecía que el vestido amarillo era la penitencia que merecía, y aunque hubiera ido vestida como Rose Shaw, con ese bello vestido verde ceñido con volados de plumas, habría merecido aquello. Y pensó que no había escapatoria para ella, ninguna.

Pero no todo era su culpa, después de todo. Pertenecía a una familia de diez personas; nunca hubo suficiente dinero, siempre se escatimaba en todo. Recordaba a su madre acarreando grandes cubos, el linóleo gastado en los bordes de la escalera, una pequeña tragedia familiar tras otra; nada catastrófico: la granja de ovejas nunca funcionó del todo mal ni del todo bien. Su hermano mayor se casó con alguien de clase social inferior, pero no demasiado inferior. No se demostraban afecto; nunca hubo nada extremo entre ellos.

Pasaban las vacaciones dignamente en pueblos costeros; incluso hoy cualquier balneario tenía a alguna de sus tías alojada en una habitación sin vista al mar. Así era: tenían que escatimar siempre. Y ella había hecho lo mismo; era igual a sus tías. Sus sueños de vivir en la India, de casarse con un tal Sir Henry Lawrence, algún hombre de poder (ver a un nativo con turbante todavía la hacía fantasear) habían fracasado por completo.

Se casó con Hubert, con su puesto inferior pero seguro y permanente en los Tribunales. Y se las arreglaban en una casa pequeña, sin criadas. Comía guiso cuando estaba sola o tan solo pan y manteca.

Pero de vez en cuando (la señora Holman se había ido, creyéndola la persona más seca y antipática que haya conocido, absurdamente vestida además, y le contaría a todos lo ridícula que se veía Mabel), pensó Mabel Waring, sola en el sofá azul, golpeando el almohadón para parecer entretenida —pues no se uniría a Charles Burt o a Rose Shaw, que hablaban como cotorras y tal vez se reían de ella junto a la chimenea—, de vez en cuando recordaba bellos momentos.

La otra noche, leyendo en la cama, por ejemplo; o en la playa, tumbada al sol en Pascuas —déjenla recordar—: una gran mata de hierba, retorcida como un puñado de espárragos bajo el cielo azul como un huevo de porcelana, firme, sólido, y la melodía de las olas —«shhh, shhh» decían—, y los niños gritando y chapoteando. Sí, un momento bellísimo; y allí estaba ella, sentía, en manos de la diosa que era, el mundo; una diosa de corazón duro, más bien, pero bellísima; un corderito en el altar (uno de veras piensa estas tonterías, pero a nadie le importa mientras no las diga).

Y también solía pasar inesperados momentos bellos junto a Hubert, cortando la carne para el almuerzo del domingo, sin ninguna razón, abriendo una carta, entrando a una habitación. Bellos momentos, cuando se decía a sí misma (pues nunca lo compartía con nadie): «Es esto. Ha sucedido. Es esto».

Y lo contrario era igual de sorprendente: cuando todo estaba dispuesto —la música, el tiempo, las vacaciones, todas las razones para estar feliz— y nada ocurría. No se sentía feliz. Era monótono, simplemente monótono; eso era todo.

Era su horrible forma de ser otra vez, sin duda. Siempre había sido una madre quejosa, débil e insatisfecha; una esposa insegura, viviendo a desgano en una especie de letargo, sin nada demasiado claro o definido, o algo que la entusiasmara más que otra cosa, tal como sus hermanos. Excepto tal vez Herbert, siempre habían sido todos unos pobres diablos de sangre fría que no hacían nada.

Y de repente, pasó de arrastrarse por esta vida a estar en la cresta de una ola. La horrible mosca (¿dónde había leído esa historia que se le venía a la cabeza una y otra vez sobre la mosca y la jarra?) logró salir. Sí, tenía esos momentos. Pero ahora que tenía cuarenta, tal vez los empezara a tener menos a menudo. Poco a poco dejaría de esforzarse por completo.

¡Pero eso era deplorable! ¡Era intolerable! ¡Le daba vergüenza de sí misma!

Iría a la biblioteca de Londres al día siguiente. Encontraría un libro estupendo que la ayudaría; lo encontraría casi por casualidad, un libro escrito por un clérigo, un norteamericano del que nadie había oído hablar antes. O caminaría por Strand y se toparía, por accidente, con una galería donde un minero estaría contando acerca de la vida en la mina, y de repente se convertiría en alguien nuevo.

Se transformaría por completo. Usaría uniforme; la llamarían Hermana Algo. Nunca más pensaría en ropa; y para siempre tendría todo perfectamente claro acerca de Charles Burt y la señorita Milan, y esta habitación y aquella. Día tras día, como si estuviera tumbada al sol o cortando la carne.

¡Sería el fin!

Así que se levantó del sofá azul y también lo hizo el botón amarillo del espejo. Le dio la mano a Charles y a Rose para demostrarles que no dependía de ellos en absoluto, y el botón amarillo desapareció del espejo y todas las lanzas le apuntaron al pecho mientras caminaba hasta donde estaba la señora Dalloway y le decía:

—Buenas noches.

—Pero es temprano todavía —dijo la señora Dalloway, siempre tan comedida.

—Temo que debo irme —dijo Mabel Waring—. Pero —agregó con voz débil y temblorosa, que sonaba tan ridícula cuando intentaba controlarla—, la he pasado muy bien.

—La he pasado muy bien —le dijo al señor Dalloway, con quien se topó en la escalera.

«¡Mentiras, mentiras, mentiras!», se dijo a sí misma mientras bajaba las escaleras; y «directo a la jarra», se dijo mientras le agradecía a la señorita Barnet por su ayuda y se envolvía, a lo largo y a lo ancho, con la capa china que había usado durante los últimos veinte años.

OBJETOS SÓLIDOS

Lo único que se movía en el vasto semicírculo de la playa era una pequeña mancha negra. Al acercarse a las costillas y la columna vertebral del barco de sardina varado, se hizo evidente, por cierta tenue oscilación en su oscuridad, que esta mancha poseía cuatro patas; y, momento a momento, se hacía más evidente que estaba compuesta por las personas de dos jóvenes. Aun así, en el contorno contra la arena, había en ellos una vitalidad inconfundible; un vigor indescriptible en la aproximación y retirada de los cuerpos, aunque leve, proclamaba una violenta discusión que emanaba de las pequeñas bocas de las pequeñas cabezas redondas. Esto quedó corroborado, al observarlos más de cerca, por el repetido embestir de un bastón en el lado derecho. «¿Quieres decirme...?», «¿De verdad crees...?». Así, el bastón a la derecha, junto a las olas, parecía imponerse mientras cortaba largas franjas rectas sobre la arena. «¡Que se joda la política!» salió claramente del cuerpo en el lado izquierdo y, a medida que se pronunciaban estas palabras, las bocas, narices, barbillas, bigotes, gorros de tweed, botas ásperas, abrigos de caza y medias de cuadros de los dos oradores se hicieron cada vez más nítidos; el humo de sus pipas se elevó al aire; nada era tan sólido, tan vivo, tan duro, rojo, peludo y viril como estos dos cuerpos, a millas y millas de mar y duna de arena. Se lanzaron por las seis costillas y la columna vertebral del negro barco de sardina.

Sabes cómo el cuerpo parece liberarse de una discusión y pedir perdón por un estado de exaltación; lanzándose hacia abajo y expresando en la soltura de su actitud una disposición para empezar algo nuevo, sea lo que sea que venga a su alcance. Así que Charles, cuyo palo llevaba cortando la playa durante unos ochocientos metros, empezó a hacer rebotar pedazos planos de pizarra sobre el agua; y John, que había exclamado «¡Que se joda la política!», empezó a enterrar los dedos en la arena. A medida que su mano se alejaba más y más, más allá de la muñeca, hasta el punto de que tenía que subirse un poco más la manga, sus ojos perdían su intensidad, o más bien desaparecía el fondo de pensamiento y experiencia que da una profundidad inescrutable a los ojos de los adultos, dejando solo la superficie transparente, que no expresaba más que asombro, como muestran los ojos de los niños pequeños. Sin duda, el acto de enterrarse en la arena tuvo algo que ver. Recordó que, tras cavar un poco, el agua se desliza alrededor de las yemas de los dedos; el agujero se convierte entonces en un foso; un pozo; un manantial; un canal secreto hacia el mar. Mientras elegía cuál de estas cosas hacer, aún trabajando los dedos en el agua, se enroscaron alrededor de algo duro —una gota entera de materia sólida— y poco a poco desprendieron un gran bulto irregular, llevándolo a la superficie.

Cuando se quitó la capa de arena, apareció un tinte verdoso. Era un trozo de cristal, tan grueso que resultaba casi opaco; el desgaste del mar había borrado por completo cualquier borde o forma, por lo que era imposible decir si había sido botella, vaso o cristal de ventana; no era más que cristal; era casi una piedra preciosa. Solo había que encerrarlo en un borde de oro, o atravesarlo con un alambre, y se convertiría en una joya; parte de un collar, o una luz verde opaca en un dedo. Quizá, después de todo, era realmente una joya; algo que llevaba una princesa oscura, arrastrando el dedo en el agua mientras se sentaba en la popa del bote y escuchaba a los esclavos cantar mientras la remaban por la bahía. O los lados de roble de un cofre del tesoro isabelino hundido se habían partido y, rodando una y otra vez, una y otra vez, sus esmeraldas finalmente habían llegado a la orilla. John lo giró entre sus manos; lo sostuvo hacia la luz; lo sujetó de modo que su masa irregular tapara el cuerpo y extendió el brazo derecho de su amigo. El verde se aclaraba y espesaba ligeramente al sostenerlo contra el cielo o contra el cuerpo. Le complacía; le desconcertaba; era tan duro, tan concentrado, tan definitivo como objeto comparado con el mar vago y la orilla brumosa.

Ahora un suspiro le perturbó —profundo, definitivo—, haciéndole consciente de que su amigo Charles había lanzado ya todas las piedras planas a su alcance o había llegado a la conclusión de que no valía la pena lanzarlas. Comieron sus bocadillos uno al lado del otro. Cuando terminaron, se sacudieron y se pusieron de pie; John tomó el trozo de cristal y lo miró en silencio. Charles también lo miró. Pero vio enseguida que no era plano y, llenando su pipa, dijo con la energía que descarta una tontería de pensamiento: «Volviendo a lo que decía...». No vio, o si lo vio apenas lo notó, que John, tras mirar el bulto un momento, como si dudara, lo guardó en el bolsillo. Ese impulso también pudo haber sido el impulso que lleva a un niño a recoger una piedra en un camino lleno de ellas, prometiéndole una vida de calor y seguridad sobre la repisa de la guardería, deleitándose en la sensación de poder y benignidad que tal acción confiere, y creyendo que el corazón de la piedra salta de alegría cuando se ve elegido entre un millón como ella, para disfrutar de esta dicha en vez de una vida fría y mojada en el camino principal. «Podría haber sido fácilmente cualquier otra de los millones de piedras, ¡pero fui yo, yo, yo!». Fuera o no ese pensamiento el que estaba en la mente de John, el trozo de cristal encontró su lugar sobre la repisa de la chimenea, donde pesaba sobre un pequeño montón de billetes y cartas y servía no solo como un excelente pisapapeles, sino también como un lugar natural hacia donde se desviaban los ojos del joven cuando apartaba la vista de su libro.

Observado una y otra vez, medio conscientemente, por una mente que piensa en otra cosa, cualquier objeto se mezcla tan profundamente con la materia del pensamiento que pierde su forma real y se recompone de modo un poco diferente en una forma ideal que atormenta al cerebro cuando menos lo esperamos. Así, John se sentía atraído por los escaparates de las tiendas de curiosidades cuando paseaba, simplemente porque veía algo que le recordaba al trozo de cristal. Cualquier cosa, siempre que fuera un objeto de algún tipo, más o menos redondo, quizá con una llama moribunda hundida en su masa, cualquier cosa —porcelana, cristal, ámbar, roca, mármol—; incluso el huevo ovalado y liso de un ave prehistórica serviría. También se dedicó a mantener la vista en el suelo, especialmente en las cercanías de terrenos baldíos donde se tiran restos domésticos. Allí solían aparecer objetos así: tirados, sin utilidad para nadie, amorfos, desechados. En pocos meses había recogido cuatro o cinco ejemplares que ocupaban su lugar en la repisa de la chimenea. También resultaban útiles, pues un hombre que se presenta al Parlamento al borde de una brillante carrera tiene un sinfín de papeles que mantener en orden: discursos a los electores, declaraciones de política, solicitudes de suscripción, invitaciones a cenar, y así sucesivamente.

Un día, al salir de sus habitaciones en el Temple para coger un tren y dirigirse a sus electores, sus ojos se posaron en un objeto extraordinario que yacía medio oculto en uno de esos pequeños bordes de hierba que rodean la base de vastos edificios legales. Solo podía tocarlo con la punta de su bastón a través de la barandilla; pero podía ver que era un trozo de porcelana de la forma más notable, casi parecido a una estrella de mar más que a cualquier otra cosa, con forma, o roto accidentalmente, en cinco puntas irregulares pero inconfundibles. La coloración era principalmente azul, pero franjas o manchas verdes se superponían al azul, y líneas carmesí le daban una riqueza y un brillo de lo más atractivos. John estaba decidido a poseerlo; pero cuanto más insistía, más retrocedía la distancia. Finalmente se vio obligado a volver a sus habitaciones e improvisar un anillo de alambre atado al extremo de un palo, con el que, gracias a gran cuidado y destreza, logró acercar la porcelana a su alcance. Al agarrarla exclamó triunfante. En ese momento sonó el reloj. Era impensable que mantuviera su cita. La reunión se celebró sin él.

Pero ¿cómo se había roto el trozo de porcelana con una forma tan extraordinaria? Un examen cuidadoso dejó claro que la forma de la estrella era accidental, lo que lo hacía aún más extraño, y parecía poco probable que existiera otra igual. Situada en el extremo opuesto de la repisa con respecto al trozo de cristal que habían sacado de la arena, parecía una criatura de otro mundo: extraña y fantástica como un arlequín. Parecía girar por el espacio, parpadeando como una estrella inquieta. El contraste entre la vajilla, tan vívida y alerta, y el cristal, tan mudo y contemplativo, le fascinaba, y asombrado se preguntaba cómo habían llegado a existir ambos en el mismo mundo, y mucho menos a estar sobre la misma estrecha tira de mármol en la misma habitación. La pregunta seguía sin respuesta.

Ahora empezó a rondar los lugares más abundantes en porcelana rota, como terrenos baldíos entre vías férreas, lugares de casas demolidas y comunes en los alrededores de Londres. Pero la porcelana rara vez se lanza desde grandes alturas; es una de las acciones humanas más raras. Tienes que encontrarte junto a una casa muy alta y con una mujer de impulsos tan imprudentes y pasiones tan vehementes que lance su jarra u olla directamente por la ventana sin pensar quién está abajo. La vajilla rota se encontraba en abundancia, pero rota en algún pequeño accidente doméstico, sin propósito ni carácter. Sin embargo, a menudo se sorprendía al profundizar en la cuestión por la inmensa variedad de formas que se encontraban solo en Londres, y aún había motivos para el asombro y la especulación en las diferencias de cualidades y diseños. Los mejores ejemplares los llevaba a casa y los colocaba sobre su repisa de la chimenea, donde, sin embargo, su función era cada vez más ornamental, ya que los papeles que necesitaban peso para mantenerse abajo se volvían cada vez más escasos.

Quizá descuidó sus deberes o los desempeñó distraídamente, o sus electores, cuando le visitaban, quedaron desfavorablemente impresionados por el aspecto de su repisa. En cualquier caso, no fue elegido para representarlos en el Parlamento, y su amigo Charles, tomándoselo muy a pecho y apresurándose a condolerse con él, lo encontró tan poco abatido por el desastre que solo pudo suponer que era un asunto demasiado serio para comprenderlo de golpe. En realidad, John había estado aquel día en Barnes Common, y allí, bajo un arbusto de aulaga, había encontrado una pieza de hierro muy notable. Era casi idéntica al cristal en forma, maciza y globular, pero tan fría y pesada, tan negra y metálica, que evidentemente era ajena a la Tierra y tenía su origen en una de las estrellas muertas o era la propia ceniza de una luna. Le pesaba en el bolsillo; pesaba sobre la repisa de la chimenea; irradiaba frío. Y, sin embargo, el meteorito se alzaba sobre la misma cornisa que el trozo de cristal y la vajilla en forma de estrella. Mientras sus ojos pasaban de uno a otro, la determinación de poseer objetos que incluso superaran a estos atormentaba al joven.

Se dedicó cada vez más a la búsqueda. Si no se hubiera dejado llevar por la ambición y convencido de que algún día algún montón de basura recién descubierto le recompensaría, las decepciones que había sufrido, sin contar el cansancio y la burla, le habrían hecho abandonar la búsqueda. Con una bolsa y un palo largo equipado con un gancho adaptable, saqueó todos los depósitos de tierra; se arrastró bajo enredos de matorrales; buscó en todos los callejones y espacios entre paredes donde había aprendido a esperar encontrar objetos de este tipo tirados. A medida que su criterio se refinaba y su gusto se volvía más severo, las decepciones eran innumerables, pero siempre algún destello de esperanza, algún trozo de porcelana o cristal curiosamente marcado o roto le atraía.

Pasó día tras día. Ya no era joven. Su carrera —es decir, su carrera política— era cosa del pasado. La gente dejó de visitarle. Estaba demasiado callado como para que valiera la pena invitarle a cenar. Nunca habló con nadie sobre sus serias ambiciones; su falta de comprensión era evidente en su comportamiento. Ahora se reclinó en su silla y observó a Charles levantar las piedras de la repisa una docena de veces y volverlas a colocar con énfasis para subrayar lo que decía sobre la conducta del Gobierno, sin notar ni una sola vez su existencia.

—¿Cuál era la verdad, John? —preguntó Charles de repente, girándose y mirándole—. ¿Qué te hizo rendirte así en un segundo?

—No lo he dejado —respondió John.

—Pero ahora no tienes ni la más mínima oportunidad —dijo Charles con brusquedad.

—No estoy de acuerdo contigo en eso —dijo John con convicción.

Charles le miró y se sintió profundamente inquieto; las dudas más extraordinarias se apoderaron de él; tuvo la extraña sensación de que hablaban de cosas diferentes. Miró a su alrededor buscando algo que aliviara su horrible depresión, pero el aspecto desordenado de la habitación le deprimía aún más. ¿Qué eran ese palo y esa vieja bolsa colgados de la pared? ¿Y luego esas piedras? Al mirar a John, algo fijo y distante en su expresión le alarmó. Sabía muy bien que su mera aparición en una plataforma estaba fuera de cuestión.

—Piedras bonitas —dijo tan alegremente como pudo; y, diciendo que tenía una cita que cumplir, dejó a John... para siempre.

UNA SOCIEDAD

Así fue como surgió todo. Seis o siete de nosotros estábamos sentados un día después del té. Algunos miraban al otro lado de la calle hacia las ventanas de una sombrerería donde la luz aún brillaba intensamente sobre plumas escarlata y zapatillas doradas. Otros estaban ocupados distraídamente construyendo pequeñas torres de azúcar en el borde de la bandeja del té.

Al cabo de un tiempo, que yo recuerde, nos acercamos alrededor del fuego y comenzamos, como de costumbre, a alabar a los hombres: lo fuertes, nobles, brillantes, valientes, bellos que eran; cómo envidiábamos a quienes, por todos los medios, lograban apegarse a uno de ellos de por vida. Entonces Poll, que no había dicho nada, estalló en llanto.

Poll, debo deciros, siempre ha sido rara. Por un lado, su padre era un hombre extraño. Le dejó una fortuna en su testamento, pero con la condición de que leyera todos los libros de la Biblioteca de Londres. La consolamos lo mejor que pudimos; pero sabíamos en nuestro corazón lo vano que era. Porque, aunque nos cae bien, Poll no es hermosa; deja los cordones de los zapatos desatados; y debía de haber pensado, mientras alabábamos a los hombres, que ninguno de ellos querría casarse con ella.

Por fin secó sus lágrimas. Durante un tiempo no pudimos entender casi nada de lo que decía. Curiosamente, estaba en plena posesión de sus sentidos. Nos contó que, según sabíamos, pasaba la mayor parte del tiempo en la Biblioteca de Londres, leyendo. Había comenzado, dijo, con la literatura inglesa en la última planta, y avanzaba poco a poco hasta el Times en la parte baja. Y ahora, a mitad de camino, o quizá solo a un cuarto del camino, había ocurrido algo terrible. No podía leer más. Los libros no eran lo que pensábamos.

—Los libros —exclamó, poniéndose en pie y hablando con una intensidad de desolación que nunca olvidaré— ¡son en su mayoría indescriptiblemente malos!

Por supuesto, gritamos que Shakespeare escribió libros, y Milton y Shelley.

—Oh, sí —nos interrumpió—. Os han enseñado bien, ya lo veo. Pero no sois miembros de la Biblioteca de Londres.

Ahí sus sollozos estallaron de nuevo. Finalmente, recuperándose un poco, abrió uno de los montones de libros que siempre llevaba consigo: Desde una ventana o En un jardín, o algún nombre así, escrito por un hombre llamado Benton o Henson, o algo por el estilo. Leyó las primeras páginas. Escuchamos en silencio.

—Pero eso no es un libro —dijo alguien.

Así que eligió otro. Esta vez era una historia, pero he olvidado el nombre del autor. Nuestra inquietud fue aumentando a medida que avanzaba. Ni una palabra parecía cierta, y el estilo en que estaba escrito era execrable.

—¡Poesía! ¡Poesía! —gritamos, impacientes—. ¡Léenos poesía!

No puedo describir la desolación que nos invadió cuando abrió un pequeño volumen y pronunció con los labios la locura sentimental y verbosa que contenía.

—Debe de haber sido escrita por una mujer —insistió una de nosotras.

Pero no. Nos contó que fue escrita por un joven, uno de los poetas más famosos de la época. Os dejo imaginar cuál fue el impacto del descubrimiento. Aunque todos lloramos y le suplicamos que no leyera más, ella persistió y nos leyó extractos de las Vidas de los Lord Cancilleres.

Cuando terminó, Jane, la mayor y la más sabia de nosotras, se puso en pie y dijo que ella, por su parte, no estaba convencida.

—¿Por qué —preguntó—, si los hombres escriben semejante tontería, debieron nuestras madres desperdiciar su juventud trayéndolos al mundo?

Todas guardamos silencio; y, en el silencio, se oía al pobre Poll sollozar:

—¿Por qué, por qué mi padre me enseñó a leer?

Clorinda fue la primera en entrar en razón.

—Es culpa nuestra —dijo—. Cada una de nosotras sabe leer. Pero nadie, salvo Poll, se ha tomado nunca la molestia de hacerlo. Yo, por mi parte, he dado por sentado que era deber de una mujer pasar su juventud teniendo hijos. Veneraba a mi madre por haber dado a luz diez; aún más a mi abuela por haber traído quince; confieso que era mi propia ambición soportar veinte. Hemos pasado todos estos siglos suponiendo que los hombres eran igual de trabajadores y que sus obras tenían el mismo mérito. Mientras nosotras hemos dado a luz a los hijos, ellos, suponíamos, han llevado los libros y las imágenes. Hemos poblado el mundo. Ellos lo han civilizado. Pero ahora que sabemos leer, ¿qué nos impide juzgar los resultados? Antes de traer otro niño al mundo, debemos jurar que descubriremos cómo es el mundo.

Así que nos convertimos en una sociedad para hacer preguntas. Una de nosotras iba a visitar un buque de guerra; otra iba a esconderse en el despacho de un erudito; otra asistiría a una reunión de empresarios; mientras todas debíamos leer libros, mirar cuadros, ir a conciertos, mantener los ojos abiertos en la calle y hacer preguntas sin parar.

Éramos muy jóvenes. Puedes juzgar nuestra sencillez cuando te digo que, antes de despedirnos esa noche, acordamos que los objetivos de la vida eran producir buenas personas y buenos libros. Nuestras preguntas iban a dirigirse a averiguar hasta dónde habían llegado los hombres en esos objetivos. Prometimos solemnemente que no tendríamos ni un solo hijo hasta estar satisfechas.

Entonces nos fuimos: algunas al Museo Británico; otras a la Marina del Rey; algunas a Oxford; otras a Cambridge; visitamos la Royal Academy y la Tate; escuchamos música moderna en salas de conciertos; acudimos a los tribunales y vimos nuevas obras. Nadie cenaba fuera sin hacerle ciertas preguntas a su pareja y anotar cuidadosamente sus respuestas.

A intervalos nos reuníamos y comparábamos nuestras observaciones.

¡Oh, qué encuentros tan agradables! Nunca me he reído tanto como cuando Rose leyó sus notas sobre «Honor» y describió cómo se había vestido de príncipe etíope y había subido a uno de los barcos de Su Majestad. Al descubrir el engaño, el capitán la visitó (ahora disfrazada de caballero particular) y exigió que se cumpliera el honor.

—¿Pero cómo? —preguntó.

—¿Cómo? —bramó—. ¡Con el bastón, por supuesto!

Al ver que él estaba fuera de sí de rabia y esperando que su último momento hubiera llegado, se inclinó y recibió, para su asombro, seis suaves golpes en el trasero.

—¡El honor de la Marina británica está vengado! —gritó.

Y, al incorporarse, le vio con el sudor corriéndole por la cara y extendiendo una mano derecha temblorosa.

—¡Fuera! —exclamó ella, adoptando una actitud feroz e imitando su propia expresión—. ¡Mi honor aún tiene que ser satisfecho!

—¡Hablado como un caballero! —respondió él, y cayó en un profundo pensamiento—. Si seis golpes vengan el honor de la Marina del Rey —reflexionó—, ¿cuántos vengan el honor de un caballero raso?

Dijo que preferiría presentar el caso ante sus compañeros oficiales. Ella respondió altiva que no podía esperar. Él elogió su sensibilidad.

—Déjame ver —exclamó de repente—. ¿Tu padre tenía carruaje?

—No —dijo ella.

—¿O un caballo de montar?

—Teníamos un burro —pensó ella—, que tiraba de la segadora.

Ante esto, su rostro se iluminó.

—El nombre de mi madre… —añadió.

—¡Por el amor de Dios, señor, no mencione el nombre de su madre! —gritó él, temblando como un álamo y sonrojándose hasta la raíz del cabello.

Y pasaron al menos diez minutos antes de que ella pudiera inducirle a continuar. Finalmente, decretó que si ella le daba cuatro golpes y medio en la parte baja de la espalda, en un punto indicado por él mismo (la mitad concedida, dijo, en reconocimiento a que el tío de su bisabuela había muerto en Trafalgar), su opinión era que su honor quedaría como nuevo.

Así se hizo; se retiraron a un restaurante; él bebió dos botellas de vino, por las que insistió en pagar; y se despidieron con protestas de amistad eterna.

Luego tuvimos el relato de Fanny sobre su visita a los tribunales. En su primera visita llegó a la conclusión de que los jueces eran de madera o estaban suplantados por grandes animales parecidos a hombres, entrenados para moverse con extrema dignidad, murmurar y asentir con la cabeza. Para probar su teoría, había soltado un pañuelo lleno de moscas azules en el momento crítico de un juicio, pero no pudo juzgar si las criaturas daban señales de humanidad por el zumbido de las moscas, que le indujo un sueño tan profundo que solo despertó a tiempo de ver a los prisioneros conducidos a las celdas inferiores. Pero, por las pruebas que aportó, votamos que era injusto suponer que los jueces fueran hombres.

Helen fue a la Royal Academy, pero cuando le pidieron que diera su informe sobre los cuadros, comenzó a recitar de un volumen azul pálido:

—«¡Oh!, por el toque de una mano desaparecida y el sonido de una voz que aún permanece. El hogar es el cazador, el hogar desde la colina. Sacudió las riendas de sus bridas. El amor es dulce, el amor es breve. La primavera, la hermosa primavera, es el amable rey del año. ¡Oh!, estar en Inglaterra ahora que abril está allí. Los hombres deben trabajar y las mujeres deben llorar. El camino del deber es el camino hacia la gloria…».

No podíamos escuchar más este galimatías.

—¡No queremos más poesía! —gritamos.

—¡Hijas de Inglaterra! —comenzó.

Pero aquí la hicimos callar, derramándole un jarrón de agua encima en la refriega.

—¡Gracias a Dios! —exclamó, sacudiéndose como un perro—. Ahora me revolcaré en la alfombra a ver si puedo quitarme lo que queda de la Union Jack. Entonces quizá…

Aquí rodó con energía. Al levantarse, empezó a explicarnos cómo son las pinturas modernas cuando Castalia la detuvo.

—¿Cuál es el tamaño medio de un cuadro? —preguntó.

—Quizá dos pies por dos pies y medio —dijo.

Castalia tomó notas mientras Helen hablaba, y cuando terminó, y tratábamos de no mirarnos a los ojos, se levantó y dijo:

—Por deseo vuestro pasé la semana pasada en Oxbridge, disfrazada de camarera. Así tuve acceso a las habitaciones de varios profesores, y ahora intentaré daros una idea… solo que —se interrumpió— no se me ocurre cómo hacerlo. Todo es tan raro. Estos profesores —continuó— viven en grandes casas construidas sobre parcelas redondas de césped, cada uno en una especie de celda para sí mismo. Sin embargo, tienen toda la comodidad y conveniencia. Solo hay que pulsar un botón o encender una lámpara. Sus papeles están perfectamente archivados. Hay libros en abundancia. No hay niños ni animales, salvo media docena de gatos vagabundos y un anciano jilguero, o un gallo. Recuerdo —se interrumpió— una tía mía que vivía en Dulwich y criaba cactus. Se llegaba al invernadero atravesando el salón doble, y allí, sobre los tubos calientes, había docenas de aquellas feas, bajas y erizadas plantas, cada una en una maceta separada. Una vez cada cien años florecía el aloe, según decía mi tía. Pero murió antes de que eso ocurriera…

Le dijimos que fuera al grano.

—Bueno —continuó—, cuando el profesor Hobkin no estaba, examiné la obra de toda su vida, una edición de Safo. Es un libro de aspecto extraño, de seis o siete pulgadas de grosor, no todo de Safo. Oh, no. La mayor parte es una defensa de la castidad de Safo, que algunos alemanes habían puesto en duda, y puedo asegurarles que la pasión con la que discutían estos dos caballeros, la erudición que demostraban, la prodigiosa ingeniosidad con la que debatían el uso de algún instrumento que a mí me pareció una horquilla, me asombraron; especialmente cuando la puerta se abrió y apareció el propio profesor Hobkin. Un caballero muy amable, afable y bondadoso, pero ¿qué podía saber él de la castidad?

La malinterpretamos.

—No, no —protestó—, seguro que es el alma misma del honor; no es que se pareciera en lo más mínimo al capitán de Rose. Pensaba más bien en los cactus de mi tía. ¿Qué podían saber ellos de la castidad?

De nuevo le dijimos que no se desviara del punto: ¿ayudaron los profesores de Oxbridge a producir buenas personas y buenos libros, los objetos de la vida?

—¡Ahí! —exclamó—. Nunca se me ocurrió preguntar. Nunca se me ocurrió que pudieran producir algo.

—Creo —dijo Sue— que cometiste algún error. Probablemente el profesor Hobkin era ginecólogo. Un erudito es un tipo de hombre muy diferente. Un erudito está rebosante de humor e inventiva —quizá sea adicto al vino, pero ¿qué importa eso?—, un compañero encantador, generoso, sutil, imaginativo, como es lógico. Porque pasa su vida en compañía de los mejores seres humanos que jamás hayan existido.

—Hum —dijo Castalia—. Quizá debería volver y probar otra vez.

Unos tres meses después ocurrió que estaba sentada sola cuando entró Castalia. No sé qué había en su aspecto que me conmovió tanto; pero no pude contenerme y, cruzando la habitación corriendo, la abracé. No solo estaba muy hermosa; también parecía estar de muy buen humor.

—¡Qué feliz pareces! —exclamé, mientras ella se sentaba.

—He estado en Oxbridge —dijo.

—¿Haciendo preguntas?

—Respondiéndolas —respondió.

—¿No has roto nuestros votos? —dije, ansiosa, notando algo en su figura.

—Oh, el voto —dijo con naturalidad—. Voy a tener un bebé, si es a eso a lo que te refieres. No te imaginas —soltó bruscamente— lo emocionante, lo hermoso, lo satisfactorio...

—¿Qué es? —pregunté.

—Responder a preguntas —respondió ella, algo confusa.

Entonces me contó toda su historia. Pero, en medio de un relato que me interesó y emocionó más que nada de cuanto hubiera escuchado, soltó el grito más extraño, mitad chillido, mitad gemido:

—¡Castidad! ¡Castidad! ¿Dónde está mi castidad? —gritó—. ¡Ayúdame! ¡La botella de aroma!

No había nada en la habitación salvo una galleta con mostaza, que estaba a punto de administrarle cuando recuperó la compostura.

—Deberías haber pensado en eso hace tres meses —dije con severidad.

—Cierto —respondió ella—. No sirve de mucho pensar en ello ahora. Por cierto, fue una lástima que mi madre me llamara Castalia.

—Oh, Castalia, tu madre...

Empezaba yo, cuando ella cogió el tarro de mostaza.

—No, no, no —dijo, negando con la cabeza—. Si tú misma hubieras sido una mujer casta, habrías gritado al verme; en vez de eso, cruzaste corriendo la habitación y me abrazaste. No, Cassandra. Ninguna de las dos es casta.

Así que seguimos hablando. Mientras tanto, la sala se iba llenando, pues era el día designado para discutir los resultados de nuestras observaciones. Pensé que todas sentían lo mismo que yo respecto de Castalia. La besaron y dijeron cuánto se alegraban de verla de nuevo.

Finalmente, cuando todas estuvimos reunidas, Jane se levantó y dijo que era hora de empezar. Comenzó diciendo que ya llevábamos más de cinco años haciéndonos preguntas, y que, aunque los resultados estaban destinados a ser inconclusos, aquí Castalia me empujó y susurró que no estaba tan segura de eso. Luego se levantó y, interrumpiendo a Jane en mitad de una frase, dijo:

—Antes de que digas más, quiero saber: ¿debo quedarme en la habitación? Porque —añadió— tengo que confesar que soy una mujer impura.

Todas la miramos asombradas.

—¿Vas a tener un bebé? —preguntó Jane.

Ella asintió con la cabeza. Era extraordinario ver las diferentes expresiones en los rostros. Un zumbido recorría la sala, en el que podía captar las palabras «impura», «bebé», «Castalia», y así sucesivamente. Jane, que también se sintió bastante conmovida, nos lo planteó:

—¿Se va? ¿Es impura?

Un rugido llenó la sala, como el que podría haberse oído en la calle exterior.

—¡No! ¡No! ¡No! ¡Déjala quedarse! ¿Impura? ¡Tonterías!

Sin embargo, me pareció que algunas de las más jóvenes, chicas de diecinueve o veinte años, se contenían como si las hubiera vencido la timidez. Entonces todas nos acercamos a ella y empezamos a hacer preguntas, y por fin vi a una de las más jóvenes, que se había mantenido en segundo plano, acercarse tímidamente y decirle:

—¿Qué es entonces la castidad? Quiero decir, ¿es buena, mala o no es nada en absoluto?

Respondió tan bajo que no pude entender lo que dijo.

—Yo, por mi parte, me quedé en shock —dijo otra— durante al menos diez minutos.

—En mi opinión —dijo Poll, que empezaba a irritarse por leer siempre en la Biblioteca de Londres—, la castidad no es más que ignorancia, un estado mental muy desacreditable. Deberíamos admitir solo a las impuras en nuestra sociedad. Voto porque Castalia sea nuestra presidenta.

Esto fue enérgicamente discutido.

—Es tan injusto etiquetar a las mujeres con castidad o con impureza —dijo Poll—. Algunas de nosotras tampoco hemos tenido oportunidad. Además, no creo que la propia Cassy sostenga que actuó así por puro amor al conocimiento.

—Solo tiene veintiún años y es divinamente hermoso —dijo Cassy, con un gesto encantador.

—Propongo —dijo Helena— que nadie pueda hablar de castidad o impureza salvo quienes estén enamoradas.

—Vaya, qué molestia —dijo Judith, que había estado investigando asuntos científicos—. Yo no estoy enamorada y deseo explicar mis medidas para prescindir de prostitutas y fertilizar vírgenes mediante una ley del Parlamento.

Continuó contándonos sobre un invento suyo que se construiría en estaciones de metro y otros lugares públicos, y que, tras el pago de una pequeña tarifa, salvaguardaría la salud de la nación, alojaría a sus hijos y aliviaría a sus hijas. Luego ideó un método para conservar en tubos sellados los gérmenes de futuros Lord Cancilleres...

—O poetas, pintores o músicos —continuó—, suponiendo, es decir, que estas razas no estén extintas y que las mujeres aún quieran tener hijos...

—¡Por supuesto que queremos tener hijos! —exclamó Castalia, impaciente.

Jane golpeó la mesa.

—Ese es precisamente el punto que debemos considerar —expresó—. Durante cinco años hemos intentado averiguar si estamos justificadas en continuar la raza humana. Castalia ha anticipado nuestra decisión. Pero nos queda a las demás decidirnos.

Aquí, una tras otra, nuestras mensajeras se levantaron y entregaron sus informes. Las maravillas de la civilización superaron con creces nuestras expectativas y, al aprender por primera vez cómo el hombre vuela por el aire, habla a través del espacio, penetra hasta el corazón de un átomo y abraza el universo en sus especulaciones, un murmullo de admiración brotó de nuestros labios.

—Estamos orgullosas —clamamos—. ¡Nuestras madres sacrificaron su juventud por una causa como esta!

Castalia, que había estado escuchando atentamente, parecía más orgullosa que todas las demás.

Entonces Jane nos recordó que aún teníamos mucho que aprender, y Castalia nos suplicó que nos diéramos prisa. Seguimos repasando un vasto enredo de estadísticas. Supimos que Inglaterra tiene una población de tantos millones, y que tal proporción de ellos pasa constantemente hambre y está en prisión; que el tamaño medio de la familia de un trabajador es tal, y que un porcentaje tan grande de mujeres muere por enfermedades asociadas al parto. Se leyeron informes de visitas a fábricas, tiendas, barrios miserables y astilleros. Se describieron la Bolsa de Valores, una gigantesca casa de negocios en la City y una oficina del Gobierno. Ahora se discutía sobre las colonias británicas, y se dio cuenta de nuestro dominio en India, África e Irlanda.

Estaba sentada junto a Castalia y noté su inquietud.

—A este ritmo, nunca llegaremos a ninguna conclusión —señaló—. Dado que parece que la civilización es mucho más compleja de lo que pensábamos, ¿no sería mejor limitarnos a nuestra investigación original? Estuvimos de acuerdo en que el objetivo de la vida era producir buenas personas y buenos libros. Todo este tiempo hemos estado hablando de aviones, fábricas y dinero. Hablemos de los hombres mismos y de sus artes, porque ese es el meollo del asunto.

Así que las comisionadas sacaron largos papeles con respuestas a sus preguntas. Estas habían sido formuladas tras mucha reflexión. Un buen hombre, habíamos acordado, debía ser al menos honesto, apasionado y extraño a su mundo. Pero si un hombre en particular poseía o no esas cualidades solo podía descubrirse haciendo preguntas, a menudo comenzando a una distancia remota del centro.

¿Es Kensington un buen sitio para vivir? ¿Dónde está estudiando su hijo... y su hija? Ahora, por favor, dígame: ¿cuánto paga por sus puros? Por cierto, ¿Sir Joseph es baronet o solo caballero?

A menudo parecía que aprendíamos más de preguntas triviales de este tipo que de preguntas más directas.

—Acepté mi título nobiliario —dijo Lord Bunkum— porque mi esposa así lo deseaba.

No recuerdo cuántos títulos fueron aceptados por la misma razón.

—Trabajando quince horas de las veinticuatro, como yo... —empezaron diez mil profesionales.

—No, no, claro que no sabes ni leer ni escribir. Pero, ¿por qué trabajas tanto?

—Mi querida señora, con una familia en crecimiento...

—¿Pero por qué crece tu familia?

Sus esposas también lo deseaban, o quizá era el Imperio Británico.

Pero más significativas que las respuestas fueron las negativas a responder. Muy pocos respondían a preguntas sobre moralidad y religión, y las respuestas que se daban no eran serias. Las preguntas sobre el valor del dinero y el poder casi siempre se ignoraban o se planteaban a riesgo extremo para quien las hacía.

—Estoy segura —dijo Jill— de que si Sir Harley Botas Ajustadas no hubiera estado trincheando el cordero cuando le pregunté por el sistema capitalista, me habría cortado la garganta. La única razón por la que escapamos con vida una y otra vez es que los hombres son a la vez tan hambrientos y tan caballerosos. Nos desprecian demasiado como para hacer caso a lo que decimos.

—Por supuesto que nos desprecian —dijo Eleanor—. Al mismo tiempo, ¿cómo explicas esto? Hice averiguaciones entre los artistas. Ahora, ninguna mujer ha sido jamás artista, ¿verdad, Poll?

—Jane Austen, Charlotte Brontë, George Eliot... —gritó Poll, como un vendedor ambulante pregonando magdalenas en un callejón trasero.

—¡Maldita sea esa mujer! —exclamó alguien—. ¡Qué aburrida es!

—Desde Safo no ha habido ninguna mujer de primera categoría... —comenzó Eleanor, citando un periódico semanal.

—Ahora es bien sabido que Safo fue una invención algo lasciva del profesor Hobkin —interrumpió Ruth.

—En fin, no hay razón para suponer que alguna mujer haya podido escribir, o pueda escribir alguna vez —continuó Eleanor.

«Y, sin embargo, siempre que voy entre autores, nunca dejan de hablarme de sus libros. "¡Magistral!", digo, "¡o Shakespeare en persona!" (porque hay que decir algo), y te aseguro que me creen».

—Eso no prueba nada —dijo Jane—. Todos lo hacen. Solo que —suspiró— no parece ayudarnos mucho. Quizá sea mejor que examinemos la literatura moderna a continuación. Liz, te toca a ti.

Elizabeth se levantó y dijo que, para continuar su investigación, se había vestido de hombre y la habían tomado por una revisora.

—He leído libros nuevos de forma bastante constante durante los últimos cinco años —dijo ella—. El señor Wells es el escritor vivo más popular; luego llega el señor Arnold Bennett; luego el señor Compton Mackenzie; el señor McKenna y el señor Walpole pueden ponerse entre paréntesis.

Se sentó.

—¡Pero no nos has dicho nada! —exclamamos—. ¿O quieres decir que estos caballeros han superado con creces a Jane Eliot y que la ficción inglesa está… dónde está esa reseña tuya? Oh, sí, "segura en sus manos".

—Segura, bastante segura —dijo, moviéndose incómoda de un pie a otro—. Y estoy segura de que regalan aún más de lo que reciben.

Todos estábamos seguros de eso.

—Pero —insistimos—, ¿escriben buenos libros?

—¿Buenos libros? —dijo, mirando al techo—. Debéis recordar —comenzó, hablando con extrema rapidez— que la ficción es el espejo de la vida. Y no podéis negar que la educación es de suma importancia, y que sería extremadamente molesto encontrarte sola en Brighton a altas horas de la noche, sin saber cuál es la mejor pensión donde alojarse, y suponiendo que fuera un domingo por la tarde lluvioso… ¿no sería agradable ir al cine?

—¿Pero qué tiene que ver eso? —preguntamos.

—Nada, nada, nada en absoluto —respondió—. Bueno, decidme la verdad.

—¿La verdad? Pero ¿no es maravilloso? —se interrumpió—. El señor Chitter ha escrito un artículo semanal durante los últimos treinta años sobre el amor o las tostadas con mantequilla caliente y ha enviado a todos sus hijos a Eton…

—¡La verdad! —exigimos.

—Oh, la verdad —tartamudeó—, la verdad no tiene nada que ver con la literatura.

Y, sentándose, se negó a decir una palabra más.

Todo nos pareció muy inconcluso.

—Señoras, debemos intentar resumir los resultados —empezaba Jane, cuando un murmullo, que se había oído durante un rato a través de la ventana abierta, ahogó su voz.

—¡Guerra! ¡Guerra! ¡Guerra! ¡Declaración de guerra! —gritaban los hombres en la calle de abajo.

Nos miramos horrorizadas.

—¿Qué guerra? —gritamos—. ¿Qué guerra?

Recordamos, demasiado tarde, que nunca habíamos pensado en enviar a nadie a la Cámara de los Comunes. Lo habíamos olvidado por completo. Nos dirigimos a Poll, que había llegado a las estanterías de historia de la Biblioteca de Londres, y le pedimos que nos iluminara.

—¿Por qué —clamábamos— van los hombres a la guerra?

—A veces por una razón, a veces por otra —respondió con calma—. En 1760, por ejemplo…

Los gritos de fuera ahogaron sus palabras.

—De nuevo en 1797… en 1804… fueron los austríacos en 1866… en 1870 los franco-prusianos… en 1900, en cambio…

—¡Pero ahora es 1914! —la interrumpimos.

—Ah, no sé por qué van a hacer la guerra ahora —admitió.

La guerra había terminado y la paz estaba en proceso de firmarse cuando una vez más me encontré con Castalia en la sala donde solían celebrarse nuestras reuniones. Empezamos a hojear distraídamente las páginas de nuestros viejos libros de actas.

—Qué raro —reflexioné— ver en qué pensábamos hace cinco años.

—"Estamos de acuerdo" —citó Castalia, leyendo por encima de mi hombro—, "en que el objetivo de la vida es producir buenas personas y buenos libros".

No hicimos ningún comentario al respecto.

—"Un buen hombre es, en cualquier caso, honesto, apasionado y extraño a su mundo".

—¡Qué lenguaje de mujer! —observé.

—Oh, cielos —exclamó Castalia, apartando el libro de sí—, ¡qué tontas fuimos! Todo fue culpa del padre de Poll —continuó—. Creo que lo hizo a propósito… ese ridículo testamento, quiero decir, obligando a Poll a leer todos los libros de la Biblioteca de Londres. Si no hubiéramos aprendido a leer —dijo amargamente—, quizá todavía habríamos estado teniendo hijos en la ignorancia, y creo que esa era la vida más feliz después de todo. Sé lo que vas a decir sobre la guerra —me hizo un aparte—, y el horror de tener hijos para verlos morir, pero nuestras madres lo hicieron, y sus madres, y sus madres antes que ellas. Y no se quejaron. No sabían leer. He hecho todo lo posible —suspiró— para evitar que mi niña aprenda a leer, pero ¿de qué sirve? Ayer mismo pillé a Ann con un periódico en la mano y empezaba a preguntarme si era "verdad". Luego me preguntará si el señor Lloyd George es un buen hombre, luego si el señor Arnold Bennett es un buen novelista y, finalmente, si creo en Dios. ¿Cómo puedo criar a mi hija para que no crea en nada? —exigió.

—Seguro que podrías enseñarle a creer que el intelecto de un hombre es, y siempre será, fundamentalmente superior al de una mujer —sugerí yo.

Esto la animó y empezó a repasar nuestras antiguas actas.

—Sí —dijo—, piensa en sus descubrimientos, sus matemáticas, su ciencia, su filosofía, su erudición…

Y luego empezó a reír.

—Nunca olvidaré al viejo Hobkin y la horquilla —dijo.

Y siguió leyendo y riendo, y pensé que estaba bastante feliz, cuando de repente arrancó el libro de sus manos y estalló:

—Oh, Cassandra, ¿por qué me atormentas? ¿No sabes que nuestra creencia en el intelecto humano es la mayor falacia de todas?

—¿Qué? —exclamé.

—Pregunta a cualquier periodista, maestro, político o encargado de taberna del país y todos te dirán que los hombres son mucho más listos que las mujeres.

—Como si yo lo dudara —dije con desprecio.

—¿Cómo podrían evitarlo? ¿No los hemos criado, alimentado y cuidado desde el principio de los tiempos para que sean listos, aunque no sean otra cosa? ¡Es culpa nuestra! —gritó—. Insistimos en que tuvieran intelecto y ahora lo tienen. Y es el intelecto —continuó— lo que está en la base. ¿Qué puede ser más encantador que un chico antes de haber empezado a cultivar su intelecto? Es hermoso a la vista; no se da aires; comprende el significado del arte y la literatura de forma instintiva; disfruta de su vida y hace que los demás disfruten de la suya. Luego le enseñan a cultivar su intelecto. Se convierte en abogado, funcionario, general, autor, profesor. Cada día va a una oficina. Cada año publica un libro. Mantiene a toda una familia con los productos de su cerebro… ¡pobre diablo! Pronto no puede entrar en una habitación sin incomodarnos a todos; se muestra condescendiente con toda mujer que conoce y no se atreve a decir la verdad ni siquiera a su propia esposa; en vez de alegrarnos con los ojos, tenemos que cerrarlos si queremos tenerlo en brazos. Cierto, nos consuelan con estrellas de todas las formas, cintas de todos los tonos y rentas de todos los tamaños, pero ¿qué nos consuela? ¿Que dentro de diez años podremos pasar un fin de semana en Lahore? ¿O que el insecto menos común de Japón tiene un nombre que es el doble de largo que su cuerpo? ¡Oh, Cassandra, por el amor de Dios, ideemos un método para que los hombres puedan tener hijos! Es nuestra única oportunidad. Porque, si no les proporcionamos alguna ocupación inocente, no encontraremos ni buena gente ni buenos libros; pereceremos bajo los frutos de su actividad desenfrenada; ¡y ningún ser humano sobrevivirá para saber que hubo Shakespeare!

—Es demasiado tarde —respondí—. Ni siquiera podemos proveer para los hijos que ya tenemos.

—Y luego me pides que crea en el intelecto —dijo.

Mientras hablábamos, los hombres gritaban, roncos y cansados, en la calle, y, escuchando, oímos que acababa de firmarse el Tratado de Paz. Las voces se apagaron. La lluvia caía y sin duda interfería con la explosión apropiada de los fuegos artificiales.

—Mi cocinera habrá comprado el Evening News —dijo Castalia—, y Ann lo explicará con su té. Debo irme a casa.

—No sirve de nada, en absoluto —dije—. Una vez que sepa leer, solo hay una cosa en la que puedes enseñarle a creer: y es en sí misma.

—Bueno, eso sería un cambio —suspiró Castalia.

Así que recogimos los papeles de nuestra Sociedad y, aunque Ann jugaba muy feliz con su muñeca, le hicimos solemnemente un regalo y le dijimos que la habíamos elegido para ser presidenta de la Sociedad del Futuro, momento en el cual rompió a llorar, pobre niña.

EN EL HUERTO

Miranda dormía en el huerto, tendida en una larga silla bajo el manzano. Su libro había caído en la hierba, y su dedo seguía señalando la frase: Ce pays est vraiment un des coins du monde où le rire des filles éclate le mieux...[1], como si se hubiera quedado dormida justo allí. Los ópalos de su dedo se encendían en verde, rosa y naranja mientras el sol, filtrándose entre las ramas, los atravesaba. Luego, cuando sopló la brisa, su vestido morado onduló como una flor sujeta al tallo; las hierbas se inclinaron; y una mariposa blanca cruzaba de un lado a otro, suspendida justo sobre su rostro. A un metro y medio por encima de su cabeza, las manzanas colgaban.

De pronto estalló un ruido agudo, como si gongos de latón agrietado fueran golpeados con violencia, irregularmente, brutalmente. Eran solo los niños de la escuela recitando la tabla de multiplicar al unísono, detenidos, corregidos, obligados a empezar de nuevo. Pero aquel estruendo pasó por encima de Miranda, atravesó las ramas del manzano y, al alcanzar al pequeño hijo del vaquero —que recogía zarzamoras en el seto cuando debería estar en clase— le hizo desgarrarse el pulgar con las espinas.

Después sonó un grito solitario: triste, humano, brutal. El viejo Parsley estaba, sin duda, completamente borracho. Entonces las hojas más altas del manzano, planas como pececillos contra el azul, a gran altura sobre la tierra, tintinearon con una nota pensativa y sombría. Era el órgano de la iglesia tocando uno de los himnos antiguos y modernos. El sonido flotó y fue deshecho en fragmentos por una bandada de grajos que cruzaba el aire a toda velocidad.

Miranda dormía profundamente, como si estuviera bajo tierra.

Por encima del manzano y del peral, a gran altura sobre ella, retumbaban —intermitentes, severas— las campanas: seis pobres mujeres de la parroquia eran conducidas a la iglesia, y el rector

---

[1] Este país es verdaderamente uno de los lugares del mundo donde la risa de las muchachas suena con mayor alegría…

regresaba, gracias al cielo. Más arriba aún, con un chirrido agudo, la veleta dorada giró del sur al este. El viento cambió. Sobre todo lo demás zumbaba, extendiéndose por bosques, prados y colinas, avanzando sin ojos, sin mente, sin encontrar resistencia, hasta que volvió a girar hacia el sur.

Muy abajo, en un espacio diminuto como la punta de una aguja, Miranda se incorporó de pronto y gritó:

—¡Oh, llegaré tarde al té!

Y sin embargo, seguía dormida… o quizá no del todo. Sus labios se movían apenas: Ce pays est vraiment un des coins du monde... oui, le rire des filles... éclate... éclate... éclate... Sonrió, y dejó que su cuerpo se hundiera, abandonándose a la enorme tierra que —pensó— se elevaba para sostenerla, como si fuera una hoja… o una reina.

(Otra vez los niños repetían la tabla de multiplicar.)

O tal vez —continuó su pensamiento— estaba en lo alto de un acantilado, con las gaviotas gritando sobre ella. Cuanto más alto volaban, más profundamente miraban el mar… el mar… Y sus dedos se aflojaron, sus labios se cerraron suavemente, como si flotara sobre las aguas.

Entonces, cuando el grito del borracho volvió a cruzar el aire, respiró con un éxtasis extraño: creyó oír la vida misma gritar —desde el viento, desde las campanas, desde la tierra viva.

Naturalmente, se estaba casando. El órgano sonaba; las campanas repicaban; y el golpe lento y solemne le hacía pensar que la tierra entera temblaba bajo los cascos de un caballo que galopaba hacia ella.

—¡Ah, solo me queda esperar! —suspiró.

Y todo comenzó a moverse: a girar, a acudir hacia ella. Mary corta leña; Pearman cuida las vacas; los carros ascienden desde los prados; el jinete aparece… Y las trayectorias de hombres, animales y ruedas se entrecruzaban hasta formar un dibujo que latía con su propio corazón.

Muy arriba el viento cambió otra vez; la veleta chirrió; y Miranda se incorporó de golpe:

—¡Oh, llegaré tarde al té!

Miranda dormía en el huerto… ¿o no dormía? Su vestido morado se extendía entre los manzanos. Había veinticuatro, algunos inclinados, otros erguidos, abriéndose en ramas cargadas de frutos redondos, rojos o amarillos. Cada árbol tenía su espacio. El cielo encajaba entre las hojas. La brisa inclinaba la línea de ramas contra la pared y luego la devolvía a su lugar.

Una lavandera cruzó en diagonal. Un zorzal avanzó con cautela hacia una manzana caída. Un gorrión revoloteó sobre la hierba. Esos movimientos enlazaban el conjunto; los muros del huerto lo contenían.

Bajo la tierra, a gran profundidad, todo permanecía unido; en la superficie ondulaba levemente; y más allá, el azul verdoso se cortaba con una franja púrpura.

Entonces, con el cambio del viento, un racimo de manzanas se elevó lo bastante como para dejar ver a dos vacas en el prado.

—¡Oh, llegaré tarde al té! —exclamó Miranda.

Y las manzanas volvieron a quedar inmóviles junto a la pared.

LOS ALFILERES DE SLATER NO TIENEN PUNTAS

—Los alfileres de Slater no tienen punta… ¿no te parece que siempre lo descubres? —dijo la señorita Craye, dándose la vuelta, mientras la rosa caía del vestido de Fanny Wilmot y Fanny se agachaba, con los oídos llenos de música, para buscar el alfiler en el suelo.

Las palabras le produjeron una impresión extraordinaria cuando la señorita Craye dio el último acorde de la fuga de Bach.

¿Realmente la señorita Craye iba a Slater a comprar alfileres?, se preguntó Fanny Wilmot, hipnotizada por un momento. ¿Se quedaba en el mostrador esperando como cualquiera, y le daban una factura con monedas envueltas dentro, y las guardaba en el bolso, y luego, una hora después, se colocaba frente al tocador y sacaba los alfileres? ¿Qué necesidad tenía ella de alfileres?

Porque no estaba tanto vestida como encapsulada, como un escarabajo compacto en su vaina: azul en invierno, verde en verano.

¿Qué necesidad tenía ella de alfileres —Julia Craye— que vivía, al parecer, en el mundo frío y vidrioso de las fugas de Bach, tocando para sí misma lo que quería, aceptando a uno o dos alumnos del indulgente Archer Street College of Music (según decía la directora, la señorita Kingston) como un favor especial, pues sentía «la mayor admiración por ella en todos los sentidos»?

La señorita Craye quedó muy afectada, temía la señorita Kingston, por la muerte de su hermano. Oh, solían tener cosas tan bonitas cuando vivían en Salisbury, y su hermano Julius era, por supuesto, un hombre muy conocido: un arqueólogo famoso. Era un gran privilegio quedarse con ellos, dijo la señorita Kingston («Mi familia siempre los conoció —eran gente habitual de Canterbury»), aunque algo aterrador para una niña; había que tener cuidado de no dar un portazo ni entrar en una habitación de forma inesperada.

La señorita Kingston, que el primer día de trimestre ofrecía pequeños retratos de carácter como este mientras recibía cheques y escribía recibos, sonrió al recordarlo. Sí, había sido bastante marimacho; había entrado dando saltos y hecho tambalear todas aquellas gafas y objetos romanos verdes dentro de sus estuches.

Los Craye no estaban acostumbrados a los niños. Los Craye no estaban casados. Tenían gatos; y se pensaba que los gatos sabían tanto sobre las urnas romanas como cualquiera.

—¡Mucho más que yo! —dijo la señorita Kingston con alegría, escribiendo su nombre con su elegante y firme letra, pues siempre había sido práctica. Así era como se ganaba la vida, después de todo.

Quizá entonces, pensó Fanny Wilmot, buscando el alfiler, la señorita Craye había dicho aquello de «los alfileres de Slater no tienen punta» como una especie de intento. Ninguno de los Craye se había casado jamás. No sabía nada de alfileres, nada de nada. Pero quería romper el hechizo que había caído sobre la casa; romper el cristal que los separaba de los demás.

Cuando Polly Kingston, aquella niña alegre, cerró la puerta de un portazo e hizo saltar los jarrones romanos, Julius, al ver que no había daño (ese habría sido su primer instinto), miró —pues el maletín estaba en la ventana— a Polly corriendo por los campos, con la misma mirada persistente y decidida que tenía su hermana.

«Estrellas, sol, luna —parecía decir—, la margarita en la hierba, el fuego, la escarcha en el cristal de la ventana: mi corazón está contigo. Pero…», siempre parecía añadir, «te rompes, pasas, te vas».

Y simultáneamente cubría la intensidad de ambos estados con un:

—No puedo alcanzarte… no puedo llegar a ti—, dicho con nostalgia, con frustración.

Y las estrellas se desvanecían, y el niño se iba.

Ese era el tipo de hechizo de aquella superficie vidriosa que la señorita Craye quería romper, mostrando —después de haber tocado Bach bellamente como recompensa a una alumna favorita (Fanny sabía que lo era)— que ella también sabía, como otras personas, cosas tan simples como los alfileres.

Sí, el «famoso arqueólogo» también parecía pertenecer a ese mismo mundo. «El famoso arqueólogo» —como decía la señorita Kingston, avalando cheques, comprobando la fecha, hablando con tanta claridad y franqueza— llevaba en la voz un tono indescriptible que insinuaba algo extraño; algo extraño en Julius Craye; lo mismo que quizá resultaba extraño en Julia.

Uno habría podido jurarlo, pensó Fanny Wilmot, mientras buscaba el alfiler, que en fiestas o reuniones (el padre de la señorita Kingston era clérigo) había oído algún comentario, o quizá solo una sonrisa, o un tono al mencionar su nombre, que le había dejado «una sensación» acerca de Julius Craye.

No hacía falta decir que nunca había hablado de ello con nadie. Probablemente ni siquiera sabía a qué se refería exactamente. Pero cada vez que hablaba de Julius, o escuchaba su nombre, eso era lo primero que acudía a su mente. Y era un pensamiento seductor: había algo extraño en Julius Craye.

Y también en Julia.

Sentada medio girada en el taburete del piano, sonreía.

Está ahí —en el campo, en el cristal, en el cielo— la belleza; y no puedo alcanzarla; no puedo permitírmelo —parecía añadir— yo, que la adoro con tanta pasión, ¡daría el mundo entero por poseerla!

Y recogió el clavel que había caído al suelo mientras Fanny buscaba el alfiler.

Lo aplastó —sintió Fanny— entre sus manos lisas y venosas, cargadas de anillos engastados en perlas. La presión de sus dedos parecía intensificar todo lo que había de más brillante en la flor; activarlo; hacerlo más vivo, más fresco, más perfecto.

Lo extraño en ella —y quizá también en su hermano— era que ese impulso de aprehender se combinaba siempre con una frustración perpetua.

Así era incluso ahora con el clavel.

Lo tenía en las manos; lo apretaba; pero no lo poseía del todo, no lo disfrutaba plenamente.

Ninguno de los Craye se había casado, recordaba Fanny Wilmot.

Recordaba cómo una noche, cuando la clase se había alargado y ya era de noche, Julia Craye le había dicho:

—Es el uso de los hombres, supongo, protegernos— y había sonreído con esa misma expresión extraña mientras se abrochaba la capa, haciéndola —como la flor— consciente hasta las yemas de los dedos de su juventud y su brillo, pero también, sospechaba Fanny, incómoda.

—Oh, pero yo no quiero protección —se rio Fanny.

Y cuando Julia Craye, mirándola fijamente con aquella mirada extraordinaria, dijo que no estaba tan segura, Fanny se sonrojó bajo la admiración de sus ojos.

Era el único uso de los hombres, había dicho.

¿Sería por esa razón, se preguntó Fanny, mirando al suelo, que nunca se había casado?

Después de todo, no había vivido siempre en Salisbury.

—La parte más bonita de Londres —había dicho una vez— (pero hablo de hace quince o veinte años) es Kensington. Uno estaba en los Jardines en diez minutos; era como el corazón del campo. Se podía cenar en zapatillas sin resfriarse. Kensington… era como un pueblo entonces, ya sabes.

Aquí se había detenido para quejarse con acritud de las corrientes de aire del metro.

—Era el uso de los hombres —había dicho, con una extraña acidez irónica.

¿Arrojaba eso alguna luz sobre el problema de por qué no se había casado?

Uno podía imaginar todo tipo de escenas en su juventud: con sus buenos ojos azules, su nariz recta y firme, su aire de fría distinción, su manera de tocar el piano, la rosa floreciendo con una pasión casta en el pecho de su vestido de muselina, había atraído primero a los jóvenes —no demasiado distinguidos— de la ciudad catedralicia, con ambiciones; jóvenes para quienes aquellas cosas —las tazas de porcelana, los candelabros de plata, la mesa incrustada— eran maravillosas, pues los Craye tenían cosas tan bonitas.

Primero los había atraído a ellos, y luego a los amigos de su hermano de Oxford o Cambridge. Bajaban en verano; remaban en el río; continuaban la discusión sobre Browning por carta; y quizá, en las raras ocasiones en que ella se alojaba en Londres, les mostraba los jardines de Kensington.

—De la mejor parte de Londres… Kensington (hablo de hace quince o veinte años) —había dicho.

Uno estaba en los jardines en diez minutos, en pleno corazón del campo.

Se podía hacer que eso diera lo que uno quisiera, pensó Fanny Wilmot; señalar, por ejemplo, al señor Sherman, el pintor, un viejo amigo suyo; hacer que la llamara, con cita previa, un día soleado de junio; llevarla a tomar té bajo los árboles. (También se habían conocido en esas fiestas a las que uno acudía con zapatillas, sin miedo a resfriarse). La tía u otro pariente anciano debía esperar allí mientras miraban el Serpentine. Miraron el Serpentine. Puede que lo haya cruzado remando. Lo compararon con el Avon. Habría considerado la comparación con mucha intensidad. Las vistas a los ríos eran importantes para ella.

Se sentó un poco encorvada, un poco angulosa, aunque entonces era elegante, guiando. En el momento crítico, pues había decidido que debía hablar ahora —era su única oportunidad de quedarse a solas con ella—, hablaba con la cabeza girada en un ángulo absurdo, en su gran nerviosismo, por encima del hombro; en ese mismo instante, ella interrumpió con fuerza. Él los llevaría al puente, gritó. Fue un momento de horror, de desilusión, de revelación para ambos.

«No puedo tenerlo, no puedo poseerlo», pensó.

No entendía por qué había venido entonces. Con un gran chapoteo de remo, giró el bote. ¿Solo para despreciarlo? La devolvió remando y se despidió de ella.

El escenario de esa escena podía variar según se eligiera, reflexionó Fanny Wilmot. (¿Dónde había caído ese alfiler?) Podría ser Ravenna; o Edimburgo, donde había estado en casa de su hermano. La escena podía cambiarse; y el joven, y la forma exacta de todo; pero una cosa era constante: su negativa, su ceño fruncido, su enfado consigo misma después, su discusión y su alivio —sí, ciertamente su inmenso alivio.

Quizá, al día siguiente, se levantaría a las seis, se pondría la capa y caminaría desde Kensington hasta el río. Estaba tan agradecida de no haber sacrificado su derecho a ir a mirar las cosas cuando están en su mejor momento —antes de que la gente se levante—; es decir, podría desayunar en la cama si quería. No había sacrificado su independencia.

Sí, sonrió Fanny Wilmot, Julia no había puesto en peligro sus hábitos. Permanecieron a salvo; y sus hábitos habrían sufrido si se hubiera casado.

—Son ogros —dijo una noche, medio riendo, cuando otra alumna, una chica recién casada, que de repente pensó que echaría de menos a su marido, se fue apresurada.

—Son ogros —había dicho ella, riendo con gravedad.

Quizá un ogro habría interferido con el desayuno en la cama; con paseos al amanecer hasta el río. ¿Qué habría pasado (aunque difícilmente se podría concebir esto) si hubiera tenido hijos? Tomaba precauciones asombrosas contra los escalofríos, la fatiga, la comida rica, la comida inadecuada, las corrientes de aire, las habitaciones calefaccionadas, los viajes en el metro; pues nunca pudo determinar cuál de estos era exactamente el que le provocaba esos terribles dolores de cabeza que daban a su vida la apariencia de un campo de batalla.

Siempre estaba ocupada en burlar al enemigo, hasta que parecía que la persecución tenía su propio interés; si hubiera vencido al enemigo por fin, la vida habría sido un poco aburrida. Tal como estaba, la lucha era perpetua: por un lado, el ruiseñor o la vista que amaba con pasión —sí, por las vistas y los pájaros no sentía menos que pasión—; por otro lado, el camino húmedo o el largo y horrible ascenso por una pendiente empinada que sin duda la dejaría inútil al día siguiente y le traería uno de sus dolores de cabeza.

Por eso, cuando, de vez en cuando, administraba sus fuerzas con destreza y realizaba una visita a Hampton Court la semana en que los crocus —esas flores brillantes eran sus favoritas— estaban en su mejor momento, era una victoria. Era algo que perduraba; algo que importaba para siempre. Dedicaba la tarde al collar de los días inolvidables, que no era demasiado largo para que pudiera recordar uno u otro; esta vista, aquella ciudad; tocarlos con los dedos, sentirlos, saborearlos, suspirar por la cualidad que los hacía únicos.

—El viernes pasado fue tan bonito —dijo— que decidí que debía ir allí.

Así que se fue sola a Waterloo en su gran empresa: visitar Hampton Court. Naturalmente, aunque quizá de forma insensata, se compadecía de ella por aquello que nunca pedía lástima (de hecho, era reservada habitualmente, hablando de su salud solo como un guerrero hablaría de su enemigo); se compadecía de ella por hacer siempre todo sola.

Su hermano estaba muerto. Su hermana era asmática. Encontraba que el clima de Edimburgo le hacía bien. Era demasiado sombrío para Julia. Quizá también encontraba dolorosas las asociaciones, pues su hermano, el famoso arqueólogo, había fallecido allí; y había amado a su hermano.

Vivía completamente sola en una casita cerca de Brompton Road.

Fanny Wilmot vio el alfiler. Lo recogió. Miró a la señorita Craye. ¿Estaba tan sola la señorita Craye? No; la señorita Craye era constantemente, felizmente —aunque solo fuera por ese momento— una mujer feliz.

Fanny la sorprendió en un momento de éxtasis. Estaba sentada allí, medio de espaldas al piano, con las manos entrelazadas en el regazo, sosteniendo el clavel erguido; detrás de ella, el rectángulo nítido de la ventana, sin cortinas, púrpura por la tarde, intensamente púrpura tras las brillantes luces eléctricas que ardían sin sombra en la sala de música desnuda.

Julia Craye, sentada, encorvada y compacta, sosteniendo su flor, parecía surgir de la noche londinense; parecía lanzarla como una capa detrás de sí; parecía, en su desnudez e intensidad, el esplendor de su espíritu, algo que ella misma había creado y que la rodeaba.

Fanny se quedó mirando. Todo pareció transparente, por un momento, a la mirada de Fanny Wilmot, como si al mirar a través de la señorita Craye viera la propia fuente de su ser brotar en gotas plateadas y puras.

Veía hacia atrás, hacia atrás, al pasado detrás de ella. Vio los jarrones romanos verdes en su estuche; escuchó a los coristas jugar al cricket; vio a Julia descender silenciosamente los escalones curvos hacia el césped; luego la vio servir té bajo el cedro; suavemente envolver la mano del anciano en la suya; la vio recorrer el pasillo de aquella antigua residencia catedralicia con toallas en la mano para marcarlas; lamentando, mientras avanzaba, la mezquindad de la vida diaria; y envejeciendo poco a poco; guardando la ropa cuando llegaba el verano, porque a su edad eran demasiado brillantes; cuidando la enfermedad de su padre; abriéndose camino cada vez más firmemente mientras su voluntad se endurecía hacia su único objetivo; viajando frugalmente; contando el coste y midiendo, de su bolso cerrado, la suma necesaria para este viaje o para ese viejo espejo; aferrándose obstinadamente, sin importar lo que dijeran, a elegir sus placeres por sí misma.

Vio a Julia —Julia ardía. Julia se encendía. Desde la noche ardía como una estrella blanca y distante. Julia abrió los brazos. Julia la besó en los labios. Julia lo poseía.

—Los alfileres de Slater no tienen punta —dijo la señorita Craye, riendo de forma extraña y relajando los brazos, mientras Fanny Wilmot sujetaba la flor contra su pecho con dedos temblorosos.

A FIESTA DE CAZA

Se metió y puso su maleta en el estante, y el par de faisanes encima. Luego se sentó en la esquina. El tren retumbaba por las Midlands, y la niebla, que entró cuando abrió la puerta, parecía agrandar el vagón y separar a los cuatro viajeros.

Obviamente, M. M. —esas eran las iniciales de la maleta— se había quedado el fin de semana en una partida de caza. Obviamente, porque ahora estaba contando la historia, recostada en su esquina. No cerró los ojos. Pero claramente no veía al hombre de enfrente, ni la fotografía en color de la catedral de York.

Ella también debía oír lo que decían. Porque, mientras miraba, sus labios se movían; de vez en cuando sonreía. Y era guapa: una rosa de col, una manzana rojiza, tostada; pero cicatrizada en la mandíbula —la cicatriz se alargaba cuando sonreía.

Como estaba contando la historia, debía de haber sido una invitada allí; y, sin embargo, vestida como estaba, fuera de moda, como las mujeres años atrás en fotos de periódicos deportivos, no parecía exactamente una invitada, ni siquiera una criada. Si hubiera tenido una cesta consigo, habría sido la mujer que cría fox terriers; la dueña del gato siamés; alguien relacionado con sabuesos y caballos. Pero solo tenía una maleta y los faisanes.

Por tanto, de alguna manera, debió de haberse colado en la habitación que veía a través del relleno del carruaje, la cabeza calva del hombre y la imagen de la catedral de York.

Y debió de escuchar lo que decían, porque ahora, como alguien imitando el ruido que hace otro, hizo un pequeño chasquido en la parte trasera de su garganta.

—Chk.

Entonces sonrió.

—Chk —dijo la señorita Antonia, pellizcándose las gafas en la nariz.

Las hojas húmedas caían sobre las largas ventanas de la galería; una o dos se pegaron, con forma de pez, y quedaron como madera marrón incrustada en los cristales de la ventana. Entonces los árboles del parque temblaron, y las hojas, al caer, parecían hacer visible el escalofrío —el escalofrío marrón y húmedo.

—Chk.

La señorita Antonia olfateó de nuevo y picoteó la endeble sustancia blanca que sostenía en sus manos, como una gallina picotea nerviosa y rápidamente un trozo de pan blanco.

El viento suspiró. La habitación estaba llena de corrientes de aire. Las puertas no cerraban bien, ni tampoco las ventanas. De vez en cuando, una onda, como un reptil, corría bajo la alfombra.

Sobre la alfombra yacían paneles verdes y amarillos, donde descansaba el sol; luego el sol se movió y señaló con un dedo, como si se burlara de un agujero en la alfombra, y se detuvo. Y entonces siguió adelante, el débil pero imparcial dedo del sol, y se posó sobre el escudo de armas sobre la chimenea —iluminado suavemente—: el escudo, las uvas colgantes, la sirena y las lanzas.

La señorita Antonia levantó la vista mientras la luz se intensificaba.

Vastas tierras, según decían, habían poseído los antiguos —sus antepasados—, los Rashleigh. Allí. Arriba, las Amazonas. Corsarios. Viajeros. Sacos de esmeraldas. Husmeando por la isla. Capturando prisioneros. Doncellas. Ahí estaba, toda escamas desde la cola hasta la cintura.

La señorita Antonia sonrió.

Cayó el dedo del sol y su mirada lo siguió. Ahora descansaba sobre un marco plateado; en una fotografía; en una cabeza calva en forma de huevo, en un labio que sobresalía bajo el bigote; y el nombre «Edward» escrito con un toque de floreo debajo.

—El rey… —murmuró la señorita Antonia, girando la tela blanca sobre su rodilla— tenía la Habitación Azul —añadió con un movimiento de cabeza, mientras la luz se desvanecía.

En la Cabalgata del Rey, los faisanes eran lanzados como por bocas de cañón. Hacia arriba brotaban desde el sotobosque como cohetes pesados, rojizos y púrpuras; y, al levantarse, las armas crujían en orden, ansiosas, con fuerza, como si una fila de perros hubiera ladrado de repente.

Mechones de humo blanco se mantuvieron unidos por un momento; luego se disolvieron suavemente, se desvanecieron y se dispersaron.

En el camino profundo bajo el bosque, había un carro, ya con cuerpos suaves y cálidos, garras inertes y ojos aún brillantes. Los pájaros parecían aún vivos, pero desmayándose bajo sus ricas y húmedas plumas. Parecían relajados y cómodos, moviéndose ligeramente, como si durmieran sobre un cálido lecho de plumas en el fondo del carro.

Entonces el terrateniente, con la cara enrojecida, con las polainas destartaladas, maldijo y levantó su escopeta.

La señorita Antonia cosía.

De vez en cuando, una lengua de fuego rodeaba el tronco gris que se extendía de una barra a otra sobre la rejilla, lo devoraba con avidez, y luego se apagaba, dejando una pulsera blanca donde la corteza había sido consumida.

La señorita Antonia levantó la vista un momento, se quedó con los ojos muy abiertos, instintivamente, como un perro que observa una llama. Luego la llama se apagó y volvió a coser.

Entonces, en silencio, la puerta enormemente alta se abrió. Entraron dos hombres delgados y colocaron una mesa sobre el agujero de la alfombra. Salieron; entraron. Pusieron un mantel sobre la mesa. Salieron; entraron. Trajeron una cesta verde con cuchillos y tenedores; copas; azucareras; saleros; pan; y un jarrón de plata con tres crisantemos dentro.

Y la mesa estaba puesta.

La señorita Antonia cosía.

De nuevo la puerta se abrió, esta vez empujada débilmente. Un perrito trotó, un spaniel moviéndose ágilmente con el hocico; se detuvo. La puerta estaba abierta. Y entonces, apoyada en su bastón, entró pesadamente la vieja señorita Rashleigh. Un chal blanco, con un broche de diamantes, nublaba su calvicie. Cojeaba; cruzó la habitación; se encorvó en la silla de respaldo alto junto al fuego.

La señorita Antonia siguió cosiendo.

—Disparando —dijo al fin.

La señorita Rashleigh asintió. Apretó su bastón. Se sentaron esperando.

Los tiradores ya se habían trasladado del King's Ride al Home Woods. Estaban de pie en el campo arado de color púrpura afuera. De vez en cuando se rompía una ramita; las hojas giraban en círculos. Pero, por encima de la niebla y el humo, había una isla de azul —azul tenue, azul puro— sola en el cielo. Y en el aire inocente, como si vagara solo como un querubín, una campana de un campanario muy escondido tintineó, se desmoronó y luego se desvaneció.

Luego volvieron a disparar los cohetes, los faisanes rojizo-púrpura. Subieron y subían. De nuevo los cañones ladraron; se formaron las bolas de humo; se aflojaron, se dispersaron. Y los perros ocupados corrían con agilidad por los campos; y los cuerpos cálidos y húmedos, aún lánguidos y suaves, como si estuvieran desmayándose, fueron agrupados por los hombres con polainas y arrojados al carro.

—¡Ahí! —gruñó Milly Masters, el ama de llaves, tirando sus gafas al suelo.

También estaba cosiendo en la pequeña habitación oscura que daba al patio de los establos. La camiseta, la camiseta de lana áspera para su hijo, el chico que limpiaba la iglesia, estaba terminada.

—¡Fin de eso! —murmuró.

Entonces oyó el carro. Las ruedas rechinaban sobre los adoquines. Se levantó. Con las manos en el cabello, su cabello castaño, se quedó en el jardín, al viento.

—¡Ya voy! —se rio, y la cicatriz en su mejilla se alargó.

Abrió la puerta de la sala de juegos mientras Wing, el encargado, conducía el carro sobre los adoquines.

Los pájaros estaban muertos ahora, sus garras apretadas con fuerza, aunque no sujetaban nada. Los párpados de cuero estaban marcados de gris sobre sus ojos. La señora Masters, el ama de llaves, y Wing, el guardabosques, cogían los ramos de pájaros muertos por el cuello y el plumón, y los dejaban en el suelo de pizarra de la despensa. El suelo de pizarra se manchó y salpicó de sangre. Los faisanes parecían ahora más pequeños, como si sus cuerpos se hubieran encogido.

Luego Wing levantó la cola del carro y clavó los pasadores que lo sujetaban. Los laterales del carro estaban llenos de pequeñas plumas gris-azuladas, y el suelo estaba manchado de sangre. Pero estaba vacío.

—¡El último de todos! —Milly Masters sonrió mientras el carro se marchaba.

—El almuerzo está servido, señora —dijo el mayordomo.

Señaló la mesa; él dirigió al lacayo. El plato con la tapa plateada estaba colocado justo allí donde él señalaba. Esperaron, el mayordomo y el lacayo.

La señorita Antonia colocó su tela blanca sobre la cesta; guardó su seda, su dedal; clavó su aguja en un trozo de franela; y colgó sus gafas en un gancho en su pecho. Entonces se levantó.

—¡Almuerzo! —le gritó al oído a la vieja señorita Rashleigh.

Un segundo después, la vieja señorita Rashleigh estiró la pierna; agarró su bastón; y Rose también. Ambas ancianas avanzaron lentamente hacia la mesa y fueron arropadas por el mayordomo y el lacayo, uno en cada extremo.

Se quitó la cubierta plateada. Y allí estaba el faisán, sin plumas, reluciente; los muslos apretados a su lado; y pequeños montones de migas de pan a ambos extremos.

La señorita Antonia pasó firmemente el cuchillo de trinchar por el pecho del faisán. Cortó dos rodajas y las puso en un plato. Con destreza, el lacayo se lo arrebató y la vieja señorita Rashleigh levantó su cuchillo.

Se oyeron disparos en el bosque bajo la ventana.

—¿Vienes? —dijo la vieja señorita Rashleigh, dejando el tenedor en suspenso.

Las ramas se agitaban sobre los árboles del parque. Bebió un bocado de faisán. Las hojas caídas golpeaban el cristal de la ventana; una o dos se quedaban pegadas.

—El Bosque Doméstico, ahora —dijo la señorita Antonia—. Hugh ha perdido eso.

—Disparando.

Bajó el cuchillo por el otro lado del pecho. Añadió patatas con salsa, coles de Bruselas y salsa de pan metódicamente en círculo alrededor de las rodajas de su plato. El mayordomo y el lacayo observaban, como camareros en un banquete.

Las ancianas comieron en silencio; tampoco se apresuraron; metódicamente limpiaron al pájaro. Solo quedaban huesos en sus platos.

Entonces el mayordomo acercó el decantador a la señorita Antonia y se detuvo un momento con la cabeza inclinada.

—Dámelo, Griffiths —dijo la señorita Antonia, y tomó la carcasa entre sus dedos y la lanzó al spaniel bajo la mesa.

El mayordomo y el lacayo hicieron una reverencia y salieron.

—Acercándose —dijo la señorita Rashleigh, escuchando.

El viento se levantaba. Un temblor marrón sacudió el aire; las hojas volaban demasiado rápido para pegarse. El cristal tintineaba en las ventanas.

—Pájaros salvajes —asintió la señorita Antonia, observando el caos.

La vieja señorita Rashleigh se llenó el vaso. Mientras bebían, sus ojos se volvían brillantes como piedras semipreciosas sostenidas a la luz. Azul pizarra eran los de la señorita Rashleigh; los de la señorita Antonia, rojos como el oporto. Y sus encajes y volantes parecían temblar, como si sus cuerpos estuvieran cálidos y lánguidos bajo sus plumas.

—Era un día como este, ¿recuerdas? —dijo la vieja señorita Rashleigh, jugueteando con su vaso—. Lo trajeron a casa: una bala en el corazón. Una zarza, eso decían. Tropezó. Le atrapó el pie...

Se rio mientras sorbía su vino.

—Y John... —dijo la señorita Antonia.

—La yegua, decían, metió el pie en un agujero. Murió en el campo. La caza pasó sobre él. Él también volvió a casa, con una contraventana...

Volvieron a beber.

—¿Recuerdas a Lily? —añadió la vieja señorita Rashleigh.

—Un mal capullo.

Negó con la cabeza.

—Montando con una borla escarlata en su bastón...

—¡Podrido de corazón! —exclamó la señorita Antonia—. Recuerda la carta del coronel. Tu hijo cabalgaba como si tuviera veinte demonios dentro de él, cargando al frente de sus hombres. Luego un diablo blanco —¡ah, ja!

Volvió a beber.

—Los hombres de nuestra casa... —comenzó la señorita Rashleigh.

Alzó su copa. La sostuvo en alto, como si brindara por la sirena tallada en yeso en la chimenea. Hizo una pausa. Las armas ladraban. Algo se rompió en el bosque. ¿O era una rata corriendo detrás del yeso?

—Siempre mujeres...

La señorita Antonia asintió.

—Los hombres de nuestra casa. Lucy, rosa y blanca, en el molino —¿te acuerdas?

—La hija de Ellen, en el Hoz y la Cabra —añadió la señorita Rashleigh.

—Y la chica del sastre —murmuró la señorita Antonia—, donde Hugh compró sus pantalones de montar, la tiendita oscura a la derecha...

—...que solía inundarse cada invierno. Es su hijo —se rió la señorita Antonia, inclinándose hacia su hermana— el que limpia la iglesia.

Hubo un estruendo. Una pizarra se había caído por la chimenea. El gran tronco se había partido en dos. Escamas de yeso caían del escudo sobre la chimenea.

—Cayendo —se rio la vieja señorita Rashleigh—. Cayendo.

—¿Y quién —dijo la señorita Antonia, mirando las escamas en la alfombra—, quién debe pagar?

Cantando como viejos bebés, indiferentes, imprudentes, rieron; cruzó hasta la chimenea y bebió el jerez junto a las cenizas de madera y el yeso, hasta que cada copa contenía solo una gota de vino, de un púrpura rojizo, en el fondo. Y eso parecía que la anciana no quería desprenderse; pues se tocaron las copas, sentados uno al lado del otro junto a las cenizas, pero nunca las llevaron a sus labios.

—Milly Masters en la sala de alambiques —comenzó la vieja señorita Rashleigh—. Es de nuestro hermano...

Un disparo ladró bajo la ventana. Cortó el hilo que sujetaba la lluvia. Caía a cántaros, abajo, abajo, abajo, en varillas rectas que azotaban las ventanas.

La luz se desvaneció de la alfombra. La luz también se desvaneció en sus ojos, mientras se sentaban junto a las cenizas blancas escuchando. Sus ojos se volvieron como guijarros sacados del agua; piedras grises, apagadas y secas. Y sus manos se aferraban a las suyas como garras de pájaros muertos que no aferran nada. Y se marchitaron como si los cuerpos dentro de la ropa se hubieran encogido.

Entonces la señorita Antonia alzó su copa hacia la sirena. Era la última gota; ella se la bebió.

—¡Voy! —croó, y golpeó el vaso.

Una puerta se azotó abajo. Luego otra. Luego otra. Se oían pisoteos, arrastrando los pies, a lo largo del pasillo hacia la galería.

—¡Más cerca! ¡Más cerca! —sonrió la señorita Rashleigh, mostrando sus tres dientes amarillos.

La puerta, inmensamente alta, se abrió de golpe. Apresuraron tres grandes sabuesos y se quedaron jadeando. Entonces entró, encorvado, el propio escudero con polainas destartaladas. Los perros se le apretaban, moviendo la cabeza, olfateando en sus bolsillos.

Entonces se lanzaron hacia adelante. Olían la carne. El suelo de la galería se movía como un bosque azotado con las colas y lomos de los grandes sabuesos exploradores. Apagaron la mesa. Arañaron la tela.

Luego, con un relincho salvaje, se lanzaron sobre el pequeño spaniel amarillo que roía el cadáver bajo la mesa.

—¡Maldita seas, maldita seas! —aulló el escudero.

Pero su voz era débil, como si gritara contra el viento.

—¡Maldita seas, maldición! —gritó, ahora maldiciendo a sus hermanas.

La señorita Antonia y la señorita Rashleigh se pusieron en pie. Los grandes perros habían capturado al spaniel. Lo despedazaban con sus grandes y largos dientes. El escudero blandía un tawse anudado de cuero de un lado a otro, maldiciendo a los perros, maldiciendo a sus hermanas, con una voz que sonaba tan fuerte y a la vez tan débil.

Con un solo latigazo arrojó el jarrón de crisantemos al suelo. Otro golpeó en la mejilla a la vieja señorita Rashleigh. La anciana retrocedió tambaleándose. Cayó contra la repisa de la chimenea. Su bastón, golpeando salvajemente, golpeó el escudo sobre la chimenea.

Cayó con un golpe sordo sobre las cenizas. El escudo de los Rashleigh cayó contra el muro. Bajo la sirena, bajo las lanzas, yacía enterrado.

El viento azotaba los cristales; disparos en el parque, y cayó un árbol. Y entonces el rey Eduardo, con el marco plateado, resbaló, cayó, y también cayó.

La niebla gris se había espesado en el carruaje. Colgaba como un velo; parecía que los cuatro viajeros estaban en las esquinas a gran distancia unos de otros, aunque en realidad estaban tan cerca como un vagón de tren de tercera clase podía llevarlos.

El efecto fue extraño.

La guapa, aunque anciana, la mujer bien vestida, aunque algo desaliñada, que había subido al tren en alguna estación de las Midlands, parecía haber perdido su forma. Su cuerpo se había vuelto todo niebla. Solo sus ojos brillaban, cambiaban, vivían por sí mismos, al parecer; ojos sin cuerpo; ojos que veían algo invisible.

En el aire brumoso brillaban, se movían, de modo que en la atmósfera sepulcral —las ventanas estaban borrosas, las lámparas con un halo de niebla— eran como luces bailando, como dicen, sobre las tumbas de los inquietos que dormían en los cementerios de las iglesias.

¿Una idea absurda? ¡Pura fantasía!

Sin embargo, al fin y al cabo, dado que no hay nada que no deje algún residuo, y la memoria es una luz que baila en la mente cuando la realidad está enterrada, ¿por qué no deberían los ojos allí, brillando, en movimiento, ser el fantasma de una familia, de una época, de una civilización que baila sobre la tumba?

El tren redujo la velocidad. Las lámparas se levantaron. Fueron derribadas. Se levantaron de nuevo mientras el tren entraba en la estación. Las luces brillaron.

¿Y los ojos en la esquina?

Estaban cerrados. Quizá la luz era demasiado fuerte. Y, por supuesto, en plena luz de las lámparas de la estación era evidente: era una mujer bastante corriente, bastante anciana, que viajaba a Londres por algún asunto común, algo relacionado con un gato, un caballo o un perro.

Alcanzó su maleta, se levantó y cogió los faisanes del estante.

Pero, aun así, al abrir la puerta del carruaje y salir, murmuró:

—Chk, chk.

LA DUQUESA Y EL JOYERO

Oliver Bacon vivía en lo alto de una casa con vistas al Green Park. Tenía un penthouse; sillas sobresalían en ángulo correcto —sillas cubiertas de piel—. Sofás llenaban los vanos de las ventanas —sofás cubiertos de tapiz—. Las ventanas, las tres largas, tenían la adecuada cortina de red discreta y satén figurado. El aparador de caoba abultaba discretamente con los brandis, whiskys y licores adecuados. Y desde la ventana del medio miraba hacia abajo los techos relucientes de coches de moda apiñados en los estrechos de Piccadilly.

No se podía imaginar una posición más central.

Y a las ocho de la mañana le traían el desayuno en bandeja un sirviente: el sirviente desplegaba su bata carmesí; desgarraba sus cartas con sus largas uñas puntiagudas y extraía gruesas cartas blancas de invitación, sobre las que el grabado se alzaba de forma brusca, de duquesas, condesas, vizcondesas y damas honorables.

Luego se lavaba. Luego comía su tostada. Luego leía su periódico junto al fuego ardiente de las brasas eléctricas.

—He aquí Oliver —decía, dirigiéndose a sí mismo—. Tú, que empezaste la vida en un callejón sucio, tú que...

Y miraba sus piernas, tan bien formadas en sus pantalones perfectos; sus botas; sus polainas. Todos eran bien formados, relucientes, cortados con la mejor tela por las mejores tijeras de Savile Row.

Pero a menudo se desmontaba y volvía a ser un niño pequeño en un callejón oscuro. En su día pensó que era la cima de su ambición: vender perros robados a mujeres de moda en Whitechapel.

Y una vez terminó.

—Oh, Oliver —lloró su madre—. ¡Oh, Oliver! ¿Cuándo tendrás sentido común, hijo mío?

Luego se fue detrás de un mostrador; había vendido relojes baratos; luego llevó una cartera a Ámsterdam...

Al recordar ese recuerdo soltaba una risita —el viejo Oliver recordando al joven—. Sí, había hecho bien con los tres diamantes; también estaba la comisión sobre la esmeralda.

Después de eso fue a la sala privada detrás de la tienda en Hatton Garden; la habitación con las balanzas, la caja fuerte, las gruesas lupas.

Y entonces... y entonces...

Se rio.

Cuando pasaba entre los grupos de joyeros en la calurosa tarde que discutían precios, minas de oro, diamantes, informes de Sudáfrica, uno de ellos se ponía un dedo en el lateral de la nariz y murmuraba:

—Hum-m-m...

No era más que un murmullo; no más que un empujón en el hombro, un dedo en la nariz, un cosquilleo que recorría el grupo de joyeros en Hatton Garden en una tarde calurosa —¡oh, hace ya muchos años!—.

Pero aun así, Oliver sentía cómo le recorría la espalda el empujón, el murmullo que significaba:

—Míralo... joven Oliver... el joven joyero... ahí va.

Joven era entonces. Y se vestía cada vez mejor; y tenía, primero, un coche de alquiler; luego un coche propio. Y primero subió al círculo de vestir, luego bajó a los palcos. Y tenía una villa en Richmond, con vistas al río, con enrejados de rosas rojas; y Mademoiselle solía coger una cada mañana y metérsela en el ojal.

—Entonces —dijo Oliver Bacon, levantándose y estirando las piernas—. Así que...

Y se puso de pie bajo la foto de una anciana en la repisa y levantó las manos.

—He cumplido mi palabra —dijo, juntando las manos, palma con palma, como si le estuviera rindiendo homenaje—. He ganado mi apuesta.

Eso era así; era el joyero más rico de Inglaterra; pero su nariz, que era larga y flexible, como la trompa de un elefante, parecía decir, por su curioso temblor en las fosas nasales (aunque parecía que toda la nariz temblaba), que aún no estaba satisfecho; todavía olía algo bajo tierra, un poco más lejos.

Imagina un cerdo gigante en un prado rico en trufas: después de desenterrar esta trufa y aquella, aún huele una trufa más grande, más negra, bajo tierra, más lejos.

Así que Oliver hurgaba siempre en la rica tierra de Mayfair en busca de otra trufa, más negra, más grande y más profunda.

Ahora se arregló la perla de la corbata, se cubrió con su elegante abrigo azul; cogió sus guantes amarillos y su bastón; y se tambaleó al bajar las escaleras y medio resopló por su larga nariz afilada mientras descendía a Piccadilly.

¿Acaso no seguía siendo un hombre triste, un hombre insatisfecho, un hombre que busca algo oculto, aunque hubiera ganado su apuesta?

Se tambaleaba ligeramente al caminar, como el camello del zoo se balancea de un lado a otro al caminar por los caminos de asfalto llenos de tenderos y sus esposas, comiendo de bolsas de papel y tirando pequeños trozos de papel plateado arrugado al suelo.

El camello desprecia a los tenderos. El camello está insatisfecho con su suerte. El camello ve el lago azul y el borde de palmeras frente a él.

Así que el gran joyero, el mayor joyero del mundo entero, bajó a Piccadilly, perfectamente vestido, con sus guantes, con su bastón; pero aún insatisfecho, hasta llegar a la oscura tiendecita, famosa en Francia, Alemania, Austria, Italia y en toda América: la oscura tiendecita en la calle junto a Bond Street.

Como de costumbre, atravesó la tienda sin decir palabra, aunque los cuatro hombres —los dos ancianos, Marshall y Spencer, y los dos jóvenes, Hammond y Wicks— se mantuvieron erguidos y le miraron, envidiándole.

Solo con un dedo del guante color ámbar, moviéndose, reconoció su presencia.

Y entró y cerró la puerta de su habitación privada tras de sí.

Luego abrió la rejilla que bloqueaba la ventana. Los gritos de Bond Street llegaron; el ronroneo del tráfico lejano. La luz de los reflectores en la parte trasera de la tienda se proyectaba hacia arriba. Un árbol agitaba seis hojas verdes, pues era junio.

Pero Mademoiselle se había casado con el señor Pedder de la cervecería local —ya nadie le ponía rosas en el ojal—.

—Así que... —suspiró a medias, medio resopló—... así que...

Entonces tocó un resorte en la pared y, poco a poco, el panelado se deslizó para abrirse, y detrás estaban las cajas fuertes de acero: cinco, no, seis, todas de acero bruñido.

Giró una llave; desbloqueó una; luego otra.

Cada una estaba forrada con una almohadilla de terciopelo carmesí intenso; en cada una se depositaban joyas: pulseras, collares, anillos, tiaras, coronas ducales; piedras sueltas en conchas de cristal; rubíes, esmeraldas, perlas, diamantes.

Todos seguros, brillantes, frescos, pero ardiendo eternamente con su propia luz comprimida.

—¡Lágrimas! —dijo Oliver, mirando las perlas—. ¡Sangre de corazón! —dijo, mirando los rubíes—. ¡Pólvora! —continuó, haciendo vibrar los diamantes para que brillaran y ardieran—. ¡Pólvora suficiente para volar Mayfair… alto, alto, alto!

Echó la cabeza hacia atrás y emitió un sonido como un relincho de caballo al decirlo.

El teléfono vibró obsequiosamente, en voz baja y apagada, sobre su mesa.

Cerró la caja fuerte.

—En diez minutos —dijo—. No antes.

Y se sentó en su escritorio y miró las cabezas de los emperadores romanos grabadas en sus gemelos. Y de nuevo se desmontó y volvió a ser el niño que jugaba a las canicas en el callejón donde vendían perros robados los domingos. Se convirtió en ese niño astuto, con labios húmedos. Trasteó con cuerdas de tripa; los sumergía en sartenes de pescado frito; esquivaba entre la multitud. Era delgado, esbelto, con ojos como piedras pulidas.

Y ahora —ahora— las manecillas del reloj seguían avanzando: uno, dos, tres, cuatro...

La duquesa de Lambourne esperaba su placer; la duquesa de Lambourne, hija de cien condes. Esperaba diez minutos en una silla en el mostrador. Esperaría su placer. Esperaría hasta que él estuviera listo para verla.

Observó el reloj en su caja de shagreen. La aguja siguió adelante. Con cada tic, el reloj le entregaba —al parecer— paté de foie gras, una copa de champán, otra de brandy fino, un puro que costaba una guinea. El reloj los dejaba sobre la mesa a su lado mientras pasaban los diez minutos.

Entonces oyó pasos suaves y lentos acercándose; un crujido en el pasillo. La puerta se abrió. El señor Hammond se pegó a la pared.

—¡Su Gracia! —anunció.

Y esperó allí, pegado a la pared.

Y Oliver, levantándose, pudo oír el susurro del vestido de la duquesa mientras bajaba por el pasillo. Entonces se alzó, llenando la puerta, llenando la sala con el aroma, el prestigio, la arrogancia, el boato y el orgullo de todos los duques y duquesas hinchados en una sola ola. Y cuando rompió como una ola, ella se desparramó al sentarse, extendiéndose, salpicando y cayendo sobre Oliver Bacon, el gran joyero, cubriéndolo de colores brillantes —verde, rosa, violeta— y de olores, iridiscencias y destellos que salían de los dedos, ascendían de las plumas, brillaban en la seda; porque era muy grande, muy gorda, firmemente ceñida de tafetán rosa y pasada de su mejor momento.

Como un parasol con muchos volantes, como un pavo real con muchas plumas, cierra sus pliegues, dobla sus plumas, así ella se calmó y se recogió mientras se hundía en el sillón de cuero.

—Buenos días, señor Bacon —dijo la duquesa.

Y extendió la mano, que salió por la abertura de su guante blanco. Y Oliver se inclinó mientras la besaba. Y cuando sus manos se tocaron, el vínculo se forjó entre ellos una vez más. Eran amigos, pero enemigos; él era el amo, ella la señora; cada uno engañaba al otro, cada uno necesitaba al otro, cada uno temía al otro, cada uno sentía esto y lo sabía cada vez que se tocaban la mano en la pequeña habitación trasera, con la luz blanca fuera, el árbol con sus seis hojas, el sonido de la calle a lo lejos y, detrás de ellos, las cajas fuertes.

—Y hoy, duquesa, ¿en qué puedo ayudarla? —dijo Oliver, muy suavemente.

La duquesa abrió su corazón, su corazón privado, de par en par. Y con un suspiro, pero sin palabras, sacó de su bolso una larga bolsa de cuero lavado —parecía un hurón amarillo y delgado—. Y desde una hendidura en el vientre del hurón dejó caer perlas —diez perlas—. Rodaban desde la rendija en la barriga del hurón —una, dos, tres, cuatro— como los huevos de un pájaro celestial.

—Todo lo que me queda, querido señor Bacon —gimió.

Cinco, seis, siete… rodaron abajo, bajando por las laderas que caían entre sus rodillas hacia un valle estrecho: la octava, la novena y la décima. Allí yacían, bajo el resplandor del tafetán color melocotón.

Diez perlas.

—De la cintura de Appleby —lamentó—. El último… el último de todos.

Oliver se estiró y tomó una de las perlas entre el dedo y el pulgar. Era redonda, brillante.

¿Pero era real o falsa?

¿Estaba mintiendo otra vez?

¿Se atrevía?

Puso su dedo acolchado y carnoso sobre sus labios.

—Si el duque lo supiera… —susurró.

—Querido señor Bacon, un poco de mala suerte…

¿Había estado jugando otra vez?

—¡Ese villano! ¡Ese tramposo! —siseó.

¿El hombre del pómulo astillado?

Un mal asunto.

Y el duque era recto como un atizador; con patillas; la arruinaría, la aplastaría allí mismo si supiera —lo que sé, pensó Oliver, y miró la caja fuerte.

—Araminta, Daphne, Diana —gimió—. Es para ellas.

Las damas Araminta, Daphne, Diana, sus hijas. Las conocía; las adoraba. Pero era a Diana a quien quería.

—Tienes todos mis secretos —le lanzó con desprecio.

Las lágrimas se deslizaron; las lágrimas cayeron; lágrimas, como diamantes, acumulándose en los surcos de sus mejillas.

—Viejo amigo —murmuró—, viejo amigo.

—Viejo amigo —repitió, como si saboreara las palabras—. ¿Cuánto?

Cubrió las perlas con la mano.

—Veinte mil —susurró.

¿Pero era real o falsa la que sostenía?

¿No había vendido ya el collar de Appleby?

Llamaba a Spencer o a Hammond:

—Tómalo y pruébalo.

Se estiró hacia la campana.

—¿Bajarás mañana? —le instó, interrumpiéndolo—. El Primer Ministro... Su Alteza Real...

Se detuvo.

—Y Diana... —añadió.

Oliver quitó la mano de la campana. Miró más allá de ella, hacia la parte trasera de las casas en Bond Street. Pero no vio las casas: vio un río con ondas; truchas y salmones; el Primer Ministro; él mismo, con chaleco blanco; y luego, Diana.

Miró la perla en su mano.

¿Pero cómo probarla, a la luz del río, a la luz de los ojos de Diana?

Pero los ojos de la duquesa estaban fijos en él.

—Veinte mil —gimió—. ¡Mi honor!

¡El honor de la madre de Diana!

Acercó su chequera; sacó su pluma.

—Veinte... —escribió.

Luego se detuvo.

Los ojos de la anciana en la fotografía —los ojos de su madre— estaban fijos en él.

—¡Oliver! —le advirtió—. ¡Ten sentido común! ¡No seas tonto!

—¡Oliver! —suplicó la duquesa—. ¿Vendrás para un fin de semana largo?

¡Solo en el bosque con Diana!

¡Cabalgando con Diana!

—Mil —escribió, y lo firmó.

—Aquí tiene —dijo.

Y entonces se abrieron todos los volantes del parasol, todas las plumas del pavo real, el resplandor de la ola, las espadas y lanzas de Azincourt, mientras ella se levantaba de su silla.

Y los dos ancianos y los dos jóvenes —Spencer y Marshall, Wicks y Hammond— se aplastaron detrás del mostrador, envidiándolo mientras él la guiaba por la tienda hasta la puerta.

Y él agitaba su guante amarillo frente a sus caras, y ella sostenía su honor —un cheque de veinte mil libras con su firma— firmemente en sus manos.

—¿Son falsas o reales? —preguntó Oliver, cerrando su puerta privada.

Allí estaban: diez perlas sobre el papel secante de la mesa.

Las llevó a la ventana. Las sostuvo bajo la luz...

¡Esta, entonces, era la trufa que había desenterrado!

¡Podrida en el centro, podrida en el fondo!

—¡Perdóname, oh, madre! —suspiró, levantando la mano hacia la anciana de la fotografía.

Y de nuevo era un niño pequeño en el callejón donde vendían perros los domingos.

—Porque —murmuró, juntando las palmas— va a ser un fin de semana largo.

LAPPIN Y LAPPINOVA

Estaban casados. La marcha nupcial estalló. Las palomas revolotearon. Los niños pequeños, con chaquetas de Eton, lanzaban arroz; un fox terrier cruzó el sendero con paso tranquilo; y Ernest Thorburn llevó a su esposa hasta el coche a través de esa pequeña multitud curiosa de completos desconocidos que siempre se reúne en Londres para disfrutar de la felicidad o la infelicidad de los demás. Sin duda, él era guapo y ella parecía tímida. Se arrojó más arroz y el coche se alejó.

Eso fue el martes. Ahora era sábado.

Rosalind aún tenía que acostumbrarse al hecho de que era la señora Ernest Thorburn. Quizá nunca se acostumbraría al hecho de ser la señora Ernest cualquiera, pensó, mientras se sentaba en la ventana mirador del hotel, contemplando el lago hacia las montañas, y esperaba a que su marido bajara a desayunar.

Ernest era un nombre difícil de aceptar. No era el nombre que habría elegido. Habría preferido Timoteo, Antonio o Pedro. Tampoco se parecía a un Ernest. El nombre sugería el Albert Memorial, aparadores de caoba, grabados en acero del Príncipe Consorte con su familia—en suma, el comedor de su suegra en Porchester Terrace. Pero ahí estaba. Menos mal que no se parecía a un Ernesto—no.

¿Pero cómo era?

Ella le miró de reojo.

Bueno, cuando comía tostadas parecía un conejo.

No es que nadie más hubiera visto un parecido con una criatura tan diminuta y tímida en este joven esbelto, musculoso, de nariz recta, ojos azules y boca muy firme. Pero eso lo hacía aún más divertido. Su nariz se movía muy ligeramente cuando comía. También la de su conejo. No dejaba de observar cómo se movía; y entonces tuvo que explicar, cuando la sorprendió mirándolo, por qué se reía.

—Es porque eres como un conejo, Ernest —dijo—. Como un conejo salvaje —añadió, mirándole—. Un conejo de caza; un conejo rey; un conejo que hace leyes para todos los demás conejos.

Ernest no tenía objeción a ser ese tipo de conejo, y como le divertía verla reír por el movimiento de su nariz—nunca supo que se le moviera—la movía a propósito. Y ella se rió y se rió; y él también se rió, de modo que las doncellas, el pescador y el camarero suizo con su chaqueta negra grasienta adivinaron bien: estaban muy felices.

Pero, ¿cuánto dura esa felicidad?, se preguntaron; y cada uno respondió según sus propias circunstancias.

A la hora de comer, sentada sobre un grupo de brezo junto al lago:

—¿Lechuga, conejo? —dijo Rosalind, ofreciéndole la lechuga que habían llevado para comer con los huevos duros—. Ven y quítamela de la mano.

Y él se inclinó, mordisqueó la lechuga y movió la nariz.

—Buen conejo, buen conejo —dijo ella, dándole una palmada, como solía acariciar a su conejo doméstico en casa.

Pero eso era absurdo. No era un conejo doméstico, fuera lo que fuera.

Lo convirtió en francés:

—Lapin —le llamó.

Pero tampoco era un conejo francés. Era simplemente y exclusivamente inglés, nacido en Porchester Terrace, educado en Rugby; ahora empleado en el Servicio Civil de Su Majestad.

Así que probó con "Bunny"; pero eso era peor. "Bunny" era alguien regordete, suave y cómico; él era delgado, duro y serio.

Aun así, su nariz se movía.

—Lappin —exclamó de repente; y soltó un pequeño grito, como si hubiera encontrado la palabra que buscaba—. Lappin, Lappin, Rey Lappin.

Parecía encajarle perfectamente; no era Ernest, era el rey Lappin. ¿Por qué? No lo sabía.

Cuando no había nada nuevo de qué hablar en sus largos paseos solitarios—y llovía, como todos les habían advertido; o cuando estaban sentados junto al fuego por la noche, porque hacía frío, y las doncellas se habían ido, y el pescador, y el camarero solo venía si llamaban—ella dejó que su fantasía jugara con la historia de la tribu de los Lappin.

Bajo sus manos, ella cosía; él leía—y aquellos conejos se volvieron muy reales, muy vívidos, muy divertidos. Ernest dejó el periódico y la ayudó.

Estaban los conejos negros y los rojos; los enemigos y los aliados. Estaban el bosque en que vivían, las praderas periféricas y el pantano.

Por encima de todo estaba el rey Lappin, quien, lejos de tener solo un rasgo—mover la nariz—se convirtió, con el paso de los días, en un animal de gran carácter; Rosalind siempre descubría nuevas cualidades en él.

Pero, sobre todo, era un gran cazador.

—¿Y qué hizo el Rey hoy? —preguntó Rosalind, en el último día de la luna de miel.

En realidad, habían estado escalando todo el día; y ella tenía una ampolla en el talón; pero no hablaba en serio.

—Hoy —dijo Ernest, moviendo la nariz mientras mordía la punta de su puro— persiguió una liebre.

Se detuvo; encendió una cerilla y volvió a temblar.

—Una liebre hembra —añadió.

—¡Una liebre blanca! —exclamó Rosalind, como si lo hubiera esperado.

—Más bien una liebre pequeña; gris plateada; ¿con grandes ojos brillantes?

—Sí —dijo Ernest, mirándola como ella le había mirado a él—, un animal pequeño; con los ojos saliendo de su cabeza y dos pequeñas patas delanteras colgando.

Era exactamente como ella se sentaba, con la costura colgando en las manos; y sus ojos, tan grandes y brillantes, eran ciertamente un poco prominentes.

—Ah, Lapinova —murmuró Rosalind.

—¿Así se llama? —dijo Ernest—. ¿La verdadera Rosalind?

La miró. Se sentía muy enamorado de ella.

—Sí; así se llama —dijo Rosalind—. Lapinova.

Y antes de irse a la cama esa noche, todo quedó decidido.

Él era el rey Lappin; ella era la reina Lapinova. Eran opuestos: él audaz y decidido; ella cautelosa e imprevisible. Él gobernaba el ajetreado mundo de los conejos; el de ella era un lugar desolado y misterioso, que recorría principalmente a la luz de la luna.

Aun así, sus territorios se tocaban; eran Rey y Reina.

Así, cuando regresaron de su luna de miel, poseían un mundo privado, habitado —salvo por una liebre blanca— enteramente por conejos.

Nadie imaginaba que existiera un lugar así, y eso, por supuesto, lo hacía aún más divertido. Les hacía sentirse, incluso más que la mayoría de las parejas jóvenes, aliados contra el resto del mundo.

A menudo se miraban con picardía cuando la gente hablaba de conejos, bosques, trampas o caza. O se guiñaban un ojo furtivamente a través de la mesa cuando la tía Mary decía que nunca podría soportar ver una liebre en un plato—parecía un bebé; o cuando John, el hermano deportista de Ernest, contaba cuánto valían los conejos ese otoño en Wiltshire, pieles incluidas.

A veces, cuando necesitaban un guardabosques, un cazador furtivo o un señor de la mansión, se divertían asignando los papeles entre sus conocidos. La madre de Ernest, la señora Reginald Thorburn, por ejemplo, encajaba perfectamente como escudero.

Pero todo era secreto—ese era el punto. Nadie salvo ellos sabía que ese mundo existía.

Sin ese mundo, ¿cómo, se preguntaba Rosalind, habría podido soportar aquel invierno?

Por ejemplo, estaba la fiesta de bodas de oro, cuando todos los Thorburn se reunieron en Porchester Terrace para celebrar el quincuagésimo aniversario de aquella unión tan bendecida—¿no había producido a Ernest Thorburn?—y tan fructífera—¿no había producido otros nueve hijos e hijas, muchos de ellos también casados y fecundos?

Rosalind temía esa fiesta. Pero era inevitable.

Mientras subía las escaleras, sentía amargamente que era hija única y huérfana; una mera gota entre todos esos Thorburn reunidos en el gran salón, con el papel pintado de satén brillante y los retratos familiares relucientes.

Los Thorburn vivos se parecían mucho a los pintados; salvo que, en vez de labios pintados, tenían labios reales; de ellos brotaban bromas: bromas sobre las aulas y cómo habían quitado la silla a la institutriz; bromas sobre ranas escondidas entre las sábanas limpias de las doncellas.

En cuanto a ella, nunca había hecho ni siquiera una cama de tarta de manzana. Sosteniendo su regalo en la mano, avanzó hacia su suegra, suntuosa en satén amarillo; y hacia su suegro, adornado con un rico clavel amarillo. A su alrededor, en mesas y sillas, había tributos dorados: algunos acurrucados en algodón; otros ramificados y resplandecientes: candelabros, cajas de puros, cadenas; cada uno con la prueba del orfebre de que era oro macizo, con marcas de hall y autenticidad.

Pero su regalo era solo una pequeña caja de pinchbeck, perforada con agujeros; un antiguo secante de arena, una reliquia del siglo XVIII, que se usaba para espolvorear arena sobre tinta húmeda. Más bien un regalo sin sentido, pensó: en una época de papel secante.

Y al ofrecérselo, vio ante ella la caligrafía negra y rechoncha en la que su suegra, cuando estaban prometidos, había expresado la esperanza de que "mi hijo te hará feliz".

No, no era feliz. Nada feliz.

Miró a Ernest, recto como una vara, con una nariz como todas las narices de los retratos familiares; una nariz que no se movía en absoluto.

Luego bajaron a cenar.

Estaba medio oculta por los grandes crisantemos que enroscaban sus pétalos rojos y dorados en grandes bolas apretadas. Todo era oro. Una tarjeta con borde dorado y con iniciales doradas entrelazadas recitaba la lista de los platos que se servirían uno tras otro.

Mojó la cuchara en un plato de líquido dorado transparente. La niebla blanca y cruda del exterior había sido transformada por las lámparas en una malla dorada que difuminaba los bordes de los platos y daba a las piñas una piel áspera y dorada.

Solo ella, con su vestido blanco de novia, mirando al frente con sus ojos prominentes, parecía intacta, como un carámbano.

Sin embargo, a medida que avanzaba la cena, la sala se volvió sofocante por el calor. Gotas de sudor destacaban en las frentes de los hombres. Sintió que su carámbano se estaba derritiendo. La estaban deshaciendo; dispersando; disolviendo en la nada; y pronto se desmayaría.

Entonces, entre la oleada en su cabeza y el bullicio en sus oídos, oyó la voz de una mujer exclamar:

—¡Pero se reproducen así!

Los Thorburn—sí; así se reproducen, repitió, mirando todas esas caras redondas y rojas que parecían duplicarse en la euforia que la invadía; magnificadas en la niebla dorada que las envolvía.

—Así se reproducen.

Entonces John gritó:

—¡Pequeños demonios!... ¡Dispárales! ¡Písalos con botas grandes! Esa es la única forma de lidiar con ellos… ¡conejos!

Con esa palabra—esa palabra mágica—revivió.

Asomándose entre los crisantemos, vio cómo la nariz de Ernest se movía. Se agitaba, vibraba con pequeños espasmos.

Y entonces una misteriosa catástrofe cayó sobre los Thorburn.

La mesa dorada se convirtió en un páramo con la aulaga en plena floración; el estruendo de voces se convirtió en el canto de una alondra resonando desde el cielo. Era un cielo azul; las nubes pasaban lentamente.

Y todos habían cambiado.

Miró a su suegro, un hombrecito sigiloso con bigotes teñidos. Su debilidad era coleccionar cosas: sellos, cajas de esmalte, baratijas del siglo XVIII que escondía en los cajones de su estudio lejos de su esposa. Ahora lo veía como realmente era: un furtivo, que se escabullía con su zurrón lleno de faisanes y perdices para arrojarlos en secreto en una olla de tres patas en su cabaña ahumada.

Y Celia, la hija soltera, que destapaba los secretos de los demás, era una hurona blanca con ojos rosados, con la nariz cubierta de tierra por sus excavaciones subterráneas. Colgada sobre los hombros de los hombres, en una red, lanzada a los agujeros—una vida miserable la de Celia; no era culpa suya.

Luego miró a su suegra, a quien llamaban la Escudera. Sonrojada, áspera, dominante—lo era todo eso; pero ahora, viéndola como Lapinova, percibió detrás de ella la mansión familiar en ruinas, el yeso desprendiéndose de las paredes, y la oyó dar gracias con un sollozo en la voz a sus hijos (que la odiaban) por un mundo que ya no existía.

Hubo un silencio repentino.

Todos estaban de pie con las copas alzadas; todos bebían; y luego terminó.

—¡Oh, Rey Lappin! —exclamó mientras regresaban juntos a casa en la niebla—, si tu nariz no se hubiera movido en ese momento, ¡habría quedado atrapada!

—Pero estás a salvo —dijo el rey Lappin, apretando su mano.

—Bastante a salvo —respondió.

Y atravesaron el parque como Rey y Reina del pantano, de la niebla y del turbero perfumado de aulaga.

Así pasó el tiempo: un año; dos años.

Y una noche de invierno, que coincidió con el aniversario de la fiesta de bodas de oro —pero la señora Reginald Thorburn había muerto; la casa estaba en alquiler; y solo quedaba un cuidador— Ernest regresó de la oficina.

Tenían una casita agradable; media casa sobre una talabartería en South Kensington, no lejos del metro. Hacía frío y había niebla. Rosalind estaba sentada junto al fuego, cosiendo.

—¿Sabes qué me ha pasado hoy? —empezó en cuanto él se sentó—. Estaba cruzando el arroyo cuando…

—¿Qué arroyo? —interrumpió Ernest.

—El arroyo al fondo, donde nuestro bosque se encuentra con el negro —explicó.

Ernest la miró sin comprender.

—¿De qué demonios hablas?

—¡Mi querido Ernest! —exclamó con desánimo—. Rey Lappin…

Pero su nariz no se movió.

Sus manos—manos humanas—sujetaban firmemente lo que tenía; sus ojos parecían salirse de su cabeza.

Le tomó varios minutos volver a ser el rey Lappin. Finalmente lo logró; su nariz se movió; y pasaron la tarde como siempre, vagando por el bosque.

Pero esa noche durmió mal.

Se despertó en la madrugada, rígida y fría. Encendió la luz y miró a Ernest. Dormía profundamente. Roncaba. Pero su nariz permanecía completamente inmóvil.

¿Era posible que fuera realmente Ernest? ¿Y que ella estuviera casada con él?

Una visión del comedor de su suegra apareció ante ella: ambos envejecidos, sentados bajo los grabados, frente al aparador… celebrando sus bodas de oro.

No podía soportarlo.

—¡Lappin! ¡Rey Lappin! —susurró.

Por un instante, pareció que su nariz se movía. Pero seguía dormido.

—¡Despierta, Lappin! —gritó.

Ernest despertó.

—¿Qué ocurre?

—Pensé que mi conejo había muerto…

Ernest se irritó.

—No digas tonterías, Rosalind. Duérmete.

Se volvió y volvió a dormirse.

Pero ella no pudo dormir.

Al día siguiente, nada le consolaba. Sentía que algo se había roto. Su cuerpo parecía haberse encogido; pequeño, duro, negro. Sus ojos, al mirarse en el espejo, sobresalían como grosellas en un bollo.

Las habitaciones parecían más pequeñas; los muebles, más agresivos. Salió a la calle. Caminó por Cromwell Road. Todas las ventanas parecían comedores llenos de gente bajo grabados.

Entró en el Museo de Historia Natural. Y lo primero que vio fue una liebre disecada sobre nieve falsa, con ojos de cristal rosado.

Se estremeció.

Al caer la tarde, intentó reconstruir su mundo. Imaginó el páramo; el arroyo; el bosque. Pero no podía cruzar el arroyo.

Se sentó junto al fuego, inmóvil.

Un golpe sonó.

Era Ernest, entrando.

—¿A oscuras? —dijo.

—¡Ernest! —exclamó—. Es Lapinova… Se ha ido. La he perdido.

Ernest frunció el ceño.

—Ah… eso es —dijo, con una leve sonrisa grave.

Tras unos segundos, añadió:

—Pobre Lapinova…

Se ajustó la corbata.

—Atrapada en una trampa. Muerta.

Y se sentó a leer el periódico.

Así que ese fue el fin de ese matrimonio.

EL HOMBRE QUE AMÓ A LOS SUYOS

Trotando por Deans Yard esa tarde, Prickett Ellis se topó de lleno con Richard Dalloway; o más bien, justo cuando se cruzaban, la mirada de reojo encubierta que cada uno lanzó al otro, bajo su sombrero y por encima del hombro, se ensanchó y estalló en reconocimiento: no se habían visto en veinte años. Habían estado juntos en el colegio.

¿Y qué estaba haciendo Ellis? ¿El Bar? Por supuesto, por supuesto: había seguido el caso en los periódicos. Pero era imposible hablar allí.

—¿No vas a aparecer esta noche? —(vivían en el mismo sitio de siempre, justo a la vuelta de la esquina). Vendrían una o dos personas. Joynson, quizás.

—Ahora sí que es un aumento terrible —dijo Richard.

—Bueno, hasta esta noche entonces —dijo Richard, y se alejó, "muy contento" (eso era cierto) de haberse encontrado con ese tipo raro, que no había cambiado ni un ápice desde el colegio: el mismo muchacho nudoso y regordete, lleno de prejuicios, pero inusualmente brillante, que había ganado el Newcastle.

Bueno, se fue.

Prickett Ellis, sin embargo, al girarse y ver cómo Dalloway desaparecía, deseó no haberlo encontrado o, al menos, no haber prometido ir a esa fiesta. Dalloway se había casado, organizaba fiestas; no era su tipo en absoluto. Tendría que vestirse.

Sin embargo, a medida que avanzaba la noche, supuso que, ya que lo había dicho y no quería ser descortés, debía ir.

¡Pero qué entretenimiento tan espantoso!

Estaba Joynson; no tenían nada que decirse. Había sido un niño pomposo; ahora era aún más engreído—eso era todo. No había ni una sola persona en la sala a la que Prickett Ellis conociera. Ni una sola.

Así que, como no podía marcharse de inmediato sin decir una palabra a Dalloway, que parecía completamente ocupado con sus deberes, moviéndose con su chaleco blanco, tuvo que quedarse.

Era el tipo de cosas que le hacían subir la bilis.

¡Pensar en hombres y mujeres adultos y responsables haciendo esto cada noche de sus vidas!

Las líneas se profundizaron en sus mejillas afeitadas, azuladas y rojizas, mientras se apoyaba en la pared en completo silencio. Porque, aunque trabajaba como un caballo, se mantenía en forma con ejercicio; y parecía duro y feroz, como si sus bigotes estuvieran cubiertos de escarcha.

Se erizó; rechinó los dientes.

Su escasa ropa de etiqueta le hacía parecer desaliñado, insignificante, anguloso.

Parloteando, parloteando, demasiado arreglados, sin la menor idea en la cabeza, esas damas y caballeros seguían hablando y riendo; y Prickett Ellis los observaba y los comparaba con los Brunner, que, cuando ganaron su caso contra la cervecería Fenners y recibieron doscientas libras de compensación (no era ni la mitad de lo que deberían haber recibido), gastaron cinco de esas libras en un reloj para él.

Eso sí era un acto decente.

Ese tipo de cosas conmovían a uno.

Y miraba con más severidad que nunca a esa gente, demasiado arreglada, cínica, próspera; y comparaba lo que sentía ahora con lo que había sentido aquella mañana, a las once, cuando el viejo Brunner y la señora Brunner, vestidos con sus mejores ropas, ancianos de aspecto respetable y limpio, fueron a verle para entregarle aquel pequeño detalle, como dijo el anciano, erguido para pronunciar su discurso, de gratitud y respeto por la tan hábil manera en que había conducido su caso; y la señora Brunner intervino diciendo que todo era gracias a él.

Y apreciaban profundamente su generosidad, porque, por supuesto, no había cobrado honorarios.

Y al coger el reloj y colocarlo en el centro de la repisa, sintió que deseaba que nadie viera su rostro.

Eso era por lo que trabajaba—esa era su recompensa.

Y miró a las personas que tenía delante como si bailaran sobre aquella escena en su memoria y quedaran expuestas por ella; y, a medida que esa imagen se desvanecía—los Brunner se desvanecían—

quedaba él mismo, enfrentándose a esa población hostil: un hombre sencillo, poco sofisticado, un hombre del pueblo (se enderezó), mal vestido, sin aire ni gracia, incapaz de disimular sus sentimientos, un ser humano común enfrentado al mal, a la corrupción, a la crueldad de la sociedad.

Pero no iba a seguir mirando.

Se puso las gafas y examinó los cuadros. Leyó los títulos de una fila de libros; en su mayoría poesía. Le habría gustado releer algunos de sus viejos favoritos—Shakespeare, Dickens—ojalá tuviera tiempo de volver a la National Gallery. Pero no podía. No, no podía. No con el mundo en el estado en que estaba. No cuando la gente, todo el día, reclamaba su ayuda.

No era época para lujos.

Y miró los sillones, los abrecartas y los libros bien encuadernados, y negó con la cabeza, sabiendo que nunca tendría tiempo—ni ánimo—para permitirse tales lujos.

La gente allí se sorprendería si supiera cuánto pagaba por su tabaco; cómo había pedido prestada su ropa.

Su única extravagancia era su pequeño yate en los Norfolk Broads. Y eso sí se lo permitía: una vez al año, alejarse de todo y tumbarse de espaldas en un campo.

Pensó en lo sorprendidos que se quedarían—esa gente tan elegante—si supieran cuánto placer le daba lo que él, con toda sencillez, llamaba amor por la naturaleza: los árboles y los campos que conocía desde niño.

Se escandalizarían.

De hecho, de pie allí, guardando las gafas en el bolsillo, sentía que cada instante le resultaba más insoportable.

Y era una sensación muy desagradable.

No sentía eso—que amaba a la humanidad, que fumaba tabaco barato y que amaba la naturaleza—de forma natural y silenciosa. Cada uno de esos placeres se había convertido en una protesta.

Sentía que aquellas personas a las que despreciaba le obligaban a justificarse.

—Soy un hombre corriente —seguía diciéndose.

Y lo que pensó después le avergonzó profundamente, pero aun así lo pensó:

—He hecho más por los míos en un día que el resto de vosotros en toda vuestra vida.

No pudo evitarlo.

Seguía recordando escena tras escena, escena tras escena,—como la de los Brunner—; seguía repitiéndose las cosas buenas que la gente había dicho de él: su humanidad, su generosidad, cómo había ayudado a otros.

Se veía a sí mismo como el sabio y tolerante servidor de la humanidad.

Y deseaba poder repetir en voz alta esas alabanzas.

Era desagradable que el sentimiento de su propia bondad hirviera dentro de él.

Aún más desagradable era no poder contárselo a nadie.

Gracias a Dios, se decía, mañana volveré al trabajo.

Y sin embargo, ya no se conformaba con marcharse discretamente. Tenía que quedarse. Tenía que quedarse hasta justificarse.

¿Pero cómo?

En toda esa sala llena de gente, no conocía a nadie con quien hablar.

Por fin apareció Richard Dalloway.

—Quiero presentarle a la señorita O'Keefe —dijo.

La señorita O'Keefe le miró fijamente a los ojos. Era una mujer bastante arrogante, de modales distinguidos, de unos treinta años.

La señorita O'Keefe quería un helado o algo de beber.

Y la razón por la que pidió a Prickett Ellis que se lo diera, de una manera que él consideró altiva e injustificable, fue porque había visto a una mujer y a dos niños, muy pobres, muy cansados, pegados a las barandillas de una plaza, asomándose aquella tarde calurosa hacia dentro.

¿No pueden dejarlos entrar?, pensó, sintiendo cómo su compasión crecía como una ola; su indignación hervía.

No —se reprendió a sí misma al momento siguiente, con brusquedad, como si se hubiera dado un golpe en los oídos—. Toda la fuerza del mundo no puede hacerlo.

Así que cogió la pelota de tenis y la lanzó de vuelta.

Toda la fuerza del mundo no puede hacerlo, dijo furiosa, y por eso lo dijo con tanta autoridad al hombre desconocido:

—Dame un helado.

Mucho antes de que ella lo comiera, Prickett Ellis, de pie a su lado sin tomar nada, le dijo que no había ido a una fiesta en quince años; le dijo que su traje de gala le había sido prestado por su cuñado; le dijo que no le gustaban esas cosas, y que le habría aliviado mucho decir que era un hombre sencillo, que por casualidad tenía simpatía por la gente corriente, y luego le habría contado (y luego se habría avergonzado de ello) lo de los Brunner y el reloj.

Pero ella dijo:

—¿Has visto La tempestad?

Entonces, como él no la había visto, le preguntó si había leído algún libro. De nuevo, no.

Y luego, dejando su helado:

—¿Nunca lees poesía?

Y Prickett Ellis, sintiendo que algo se levantaba dentro de él que podría decapitar a esa joven, convertirla en víctima, masacrarla, la hizo sentarse allí, donde no serían interrumpidos, en dos sillas, en el jardín vacío, porque todos estaban arriba. Solo se oía un zumbido, un murmullo, una charla y un tintineo, como el acompañamiento loco de una orquesta fantasma; uno o dos gatos deslizándose por la hierba; el temblor de las hojas; y las frutas amarillas y rojas que parecían linternas chinas tambaleándose de un lado a otro. La charla parecía una música frenética de baile de esqueletos, acompañada de algo muy real y lleno de sufrimiento.

—¡Qué hermoso! —dijo la señorita O'Keefe.

Oh, era precioso, aquel pequeño trozo de hierba, con las torres de Westminster amontonadas a su alrededor, negras, altas en el aire, después del salón. Quedó en silencio, después de tanto ruido.

Después de todo, tenían eso: la mujer cansada, los niños.

Prickett Ellis encendió una pipa. Eso la sorprendería. La llenó con tabaco shag —cinco peniques y medio la onza. Pensó en cómo se tumbaba en su barco fumando; podía verse a sí mismo, solo, por la noche, fumando bajo las estrellas. Porque esa noche no dejaba de pensar en cómo se vería si esas personas de dentro lo vieran.

Le dijo a la señorita O'Keefe, encendiendo una cerilla en la suela de su bota, que no veía nada especialmente bonito allí.

—Quizá —dijo la señorita O'Keefe— no te importa la belleza.

(Le había dicho que no había visto La tempestad, que no había leído un libro; parecía desaliñado, todo bigote, barbilla y cadena de reloj de plata).

Pensaba que nadie tenía que pagar ni un céntimo por eso: los museos son gratuitos, y la National Gallery; y el campo.

Por supuesto que conocía las objeciones: la ropa, la comida, los niños.

Pero la raíz de todo, lo que todos temían decir, era que la felicidad es muy barata. Puedes tenerla gratis. Belleza.

Entonces Prickett Ellis descargó todo eso sobre ella —sobre esa mujer pálida, abrupta y arrogante—. Le contó, fumando su tabaco áspero, lo que había hecho ese día: levantarse a las seis; entrevistas; oler un desagüe en un barrio asqueroso; luego ir al juzgado.

Aquí dudó, deseando contarle algo sobre sus propios actos. Reprimiendo eso, fue aún más cáustico. Dijo que le daba náuseas escuchar a mujeres bien alimentadas y bien vestidas (ella movió los labios, pues era delgada y su vestido no estaba a la altura) hablar de belleza.

—¡Preciosa! —dijo.

Temía no entender la belleza aparte de los seres humanos.

Así que miraron con furia el jardín vacío, donde las luces se mecían y un gato dudaba en medio, con la pata levantada.

¿Belleza aparte de los seres humanos? ¿Qué quería decir con eso?, exigió de repente.

Bueno, esto: cada vez más alterado, le contó la historia de los Brunner y el reloj, sin ocultar su orgullo.

Eso fue precioso, dijo.

No tenía palabras para expresar el horror que su historia le provocaba: primero, su vanidad; luego, su indecencia al hablar de sentimientos humanos. Era una blasfemia. Nadie en el mundo debería contar una historia para demostrar que amó a los suyos.

Sin embargo, mientras él la contaba —cómo el anciano se había levantado y pronunciado su discurso—, las lágrimas brotaron en sus ojos. ¡Ah, si alguien le hubiera dicho eso alguna vez!

Pero, por otro lado, sentía que era precisamente eso lo que condenaba a la humanidad para siempre: nunca iban más allá de escenas conmovedoras con relojes; los Brunner dando discursos a los Prickett Ellis, y los Prickett Ellis diciendo cuánto habían amado a los suyos. Siempre serían perezosos, complacientes y temerosos de la belleza.

Así nacían las revoluciones: de la pereza, del miedo y de ese amor por las escenas sentimentales.

Aun así, ese hombre disfrutaba de sus Brunner; y ella estaba condenada a sufrir para siempre por culpa de sus pobres mujeres excluidas de las plazas.

Así que se quedaron en silencio.

Ambos estaban muy descontentos.

Porque Prickett Ellis no se sentía en absoluto consolado por lo que había dicho; en lugar de sacarse la espina, se la había hincado más profundamente. Su felicidad de la mañana se había arruinado.

La señorita O'Keefe estaba confundida y molesta; se sentía turbia en vez de clara.

—Me temo que soy una de esas personas muy normales —dijo, levantándose— que aman a los suyos.

Ante lo cual la señorita O'Keefe casi gritó:

—Yo también.

Odiándose, odiando a toda la casa llena de personas que les habían dado esa noche dolorosa y desilusionante, estos dos amantes de la humanidad se levantaron y, sin decir palabra, se separaron para siempre.

EL LEGADO

«Para Sissy Miller.» Gilbert Clandon, tomando el broche de perlas que yacía entre una colección de anillos y broches sobre una mesita en el salón de su esposa, leyó la inscripción:

«Para Sissy Miller, con mi amor.»

Era propio de Angela recordar incluso a Sissy Miller, su secretaria.

Sin embargo, qué extraño era —pensó Gilbert Clandon una vez más— que ella hubiera dejado todo en ese orden: un pequeño regalo de algún tipo para cada uno de sus amigos. Era como si hubiera previsto su muerte.

Sin embargo, estaba en perfecta salud cuando salió de casa aquella mañana, hacía seis semanas; cuando bajó del bordillo en Piccadilly y el coche la mató.

Estaba esperando a Sissy Miller. Le había pedido que viniera; sentía que le debía, después de todos los años que llevaba con ellos, ese símbolo de consideración.

Sí —continuó, mientras esperaba allí—, era extraño que Angela hubiera dejado todo en ese orden. Cada amigo había recibido algún pequeño símbolo de su afecto. Cada anillo, cada collar, cada pequeña caja china —le apasionaban las pequeñas cajas— tenía un nombre. Y cada uno tenía algún recuerdo para él.

Esto se lo había dado; este —el delfín esmaltado con ojos de rubí— con el que había tropezado un día en una calle trasera de Venecia. Recordaba su pequeño grito de alegría.

A él, por supuesto, no le había dejado nada en particular, salvo su diario.

Quince pequeños volúmenes, encuadernados en cuero verde, estaban detrás de él, sobre su mesa de escritura. Desde que se casaron, ella había llevado un diario.

Algunas de sus pocas —no podía llamarlas peleas, digamos discusiones— habían sido por ese diario. Cuando él entraba y la encontraba escribiendo, ella siempre lo cerraba o ponía la mano encima.

—No, no, no —podía oírla decir—. Después de que esté muerta… quizá.

Así que se lo dejó a él como legado. Era lo único que no compartían cuando ella estaba viva. Pero siempre había dado por sentado que ella le sobreviviría.

Si tan solo se hubiera detenido un momento y hubiera pensado en lo que hacía, ahora estaría viva. Pero ella había bajado directamente del bordillo, dijo el conductor del coche en la investigación. No le había dado oportunidad de frenar…

En ese momento, el sonido de voces en el salón le interrumpió.

—Señorita Miller, señor —dijo la criada.

Ella entró.

Nunca la había visto sola en su vida, ni, por supuesto, llorando. Estaba terriblemente angustiada, y no era de extrañar. Angela había sido mucho más para ella que una jefa. Había sido una amiga.

Para sí mismo —pensó, mientras acercaba una silla para ella y le pedía que se sentara—, apenas se distinguía de cualquier otra mujer de su tipo. Había miles de Sissy Miller: mujeres apagadas, vestidas de negro, con maletines.

Pero Angela, con su genio para la simpatía, había descubierto todo tipo de cualidades en Sissy Miller. Era el alma de la discreción; tan silenciosa, tan de confianza, que uno podía contarle cualquier cosa, y así sucesivamente.

La señorita Miller no pudo hablar al principio. Se quedó allí secándose los ojos con el pañuelo.

Luego hizo un esfuerzo.

—Disculpe, señor Clandon —dijo.

Murmuró. Por supuesto que lo entendía. Era lo más natural. Podía imaginar lo que su esposa había significado para ella.

—He sido tan feliz aquí —dijo, mirando a su alrededor.

Sus ojos descansaron en la mesa de escritura detrás de él. Allí trabajaban: ella y Angela. Porque Angela tenía su parte de las responsabilidades que recaían en la esposa de un político prominente. Había sido una gran ayuda en su carrera.

A menudo las había visto a ambas sentadas en esa mesa: Sissy en la máquina de escribir, pasando a limpio las cartas que Angela dictaba.

Sin duda, la señorita Miller también estaba pensando en eso.

Ahora solo tenía que darle el broche que su esposa le había dejado. Un regalo bastante incongruente, al parecer. Quizá habría sido mejor dejarle una suma de dinero, o incluso la máquina de escribir.

Pero ahí estaba: «Para Sissy Miller, con mi amor.»

Y, cogiendo el broche, se lo entregó con el pequeño discurso que había preparado.

Sabía —dijo— que ella lo valoraría. Su esposa lo había llevado a menudo…

Y ella respondió, como si también hubiera preparado un discurso, que siempre sería una posesión preciada…

Supuso que tendría otra ropa en la que un broche de perlas no resultara tan incongruente. Llevaba el abrigo y la falda negros que parecían el uniforme de su profesión.

Entonces recordó: estaba de luto, por supuesto. Ella también había sufrido su tragedia: un hermano, al que era devota, había muerto una o dos semanas antes que Angela.

¿Había sido un accidente? No podía recordarlo; solo Angela se lo había contado. Angela, con su genio para la compasión, había estado profundamente afectada.

Mientras tanto, Sissy Miller se había recompuesto. Se estaba poniendo los guantes. Evidentemente, sentía que no debía prolongar la visita.

Pero no podía dejarla marchar sin decir algo sobre su futuro.

¿Cuáles eran sus planes? ¿Había alguna forma de ayudarla?

Ella miraba la mesa donde se había sentado ante su máquina de escribir, donde estaba el diario. Perdida en sus recuerdos de Angela, no respondió de inmediato.

Por un momento pareció no entender.

Así que repitió:

—¿Cuáles son sus planes, señorita Miller?

—¿Mis planes? Oh, no pasa nada, señor Clandon —exclamó—. Por favor, no se preocupe por mí.

Él interpretó que no necesitaba ayuda económica. Pensó que sería mejor hacer cualquier sugerencia de ese tipo en una carta.

Lo único que pudo hacer ahora fue decir, mientras le estrechaba la mano:

—Recuerde, señorita Miller, si hay alguna forma en que pueda ayudarla, será un placer…

Entonces abrió la puerta.

Por un momento, en el umbral, como si un pensamiento repentino la hubiera detenido, se volvió.

—Señor Clandon —dijo, mirándole fijamente por primera vez.

Y por primera vez él se sintió impactado por la expresión —comprensiva pero inquisitiva— en sus ojos.

—Si en algún momento —continuó— hay algo en lo que pueda ayudarle, recuerde que, por el bien de su esposa, será para mí un placer…

Con eso, se fue.

Sus palabras y la mirada que las acompañaban fueron inesperadas. Era casi como si creyera, o esperara, que él la necesitaría.

Una idea curiosa, quizá fantástica, se le ocurrió al volver a su silla.

¿Podría ser que, durante todos esos años en que apenas la había notado, ella —como dicen los novelistas— hubiera sentido pasión por él?

Se vio reflejado en el cristal al pasar. Tenía más de cincuenta años; pero no pudo evitar admitir que seguía siendo —como le mostraba el espejo— un hombre de aspecto distinguido.

—¡Pobre Sissy Miller! —dijo, medio riendo.

¡Cómo le habría gustado compartir esa broma con su esposa!

Instintivamente se volvió hacia el diario.

—«Gilbert» —leyó, abriéndolo al azar—, «parecía tan maravilloso…»

Era como si ella hubiera respondido a su pregunta.

Por supuesto —parecía decir—, eres muy atractivo para las mujeres. Por supuesto que Sissy Miller también lo sentía.

Siguió leyendo.

—«¡Qué orgullosa estoy de ser su esposa!»

Y él siempre había estado muy orgulloso de ser su marido.

—¿Con qué frecuencia, cuando cenaban?

En algún momento, la miró al otro lado de la mesa y dijo para sí mismo:

«¡Es la mujer más hermosa de aquí!»

Siguió leyendo.

Ese primer año se había presentado al Parlamento. Habían recorrido su circunscripción.

«Cuando Gilbert se sentó, los aplausos fueron estupendos. Todo el público se levantó y cantó: "Porque es un buen compañero". Me sentí bastante abrumada.»

Él también lo recordaba. Ella estaba sentada en el estrado a su lado. Aún podía ver la mirada que le lanzó y cómo tenía lágrimas en los ojos.

¿Y luego?

Pasó las páginas.

Habían ido a Venecia. Recordó aquella feliz fiesta tras las elecciones.

«En Florian's nos pusieron hielo.»

Sonrió —seguía siendo una niña; le encantaban los helados—.

«Gilbert me dio un relato muy interesante de la historia de Venecia. Me dijo que los dogos…»

Lo había escrito todo con su letra de colegiala.

Una de las maravillas de viajar con Angela era que tenía tantas ganas de aprender. Solía decir que era terriblemente ignorante, como si eso no fuera uno de sus encantos.

Y entonces —abrió el siguiente volumen— habían regresado a Londres.

«Estaba tan ansiosa por causar una buena impresión. Llevé mi vestido de novia.»

Podía verla ahora sentada junto al viejo Sir Edward, conquistando a ese formidable anciano, su jefe.

Siguió leyendo rápidamente, completando escena tras escena con sus fragmentos desordenados.

«Cené en la Cámara de los Comunes…»

Luego, una fiesta nocturna en casa de los Lovegrove.

«¿Me he dado cuenta de mi responsabilidad? —me preguntó Lady L.— como esposa de Gilbert.»

Después, con el paso de los años —cogió otro volumen de la mesa—, él se fue absorbiendo cada vez más en su trabajo. Y ella, por supuesto, estaba más a menudo sola…

Aparentemente, le había dolido mucho no tener hijos.

«¡Cómo desearía —decía una entrada— que Gilbert tuviera un hijo!»

Curiosamente, él nunca se había arrepentido demasiado de eso. La vida había sido tan plena, tan rica como era.

Ese año le asignaron un cargo menor en el gobierno. Un puesto modesto, pero su comentario fue:

«¡Ahora estoy bastante segura de que será Primer Ministro!»

Bueno, si las cosas hubieran sido diferentes, podría haber sido así.

Se detuvo un momento, especulando sobre lo que podría haber sido. La política era una apuesta, reflexionó. Pero la partida aún no había terminado. No a los cincuenta.

Pasó rápidamente más páginas, llenas de pequeños detalles triviales, insignificantes y felices, que habían formado su vida.

Cogió otro volumen y lo abrió al azar.

«¡Qué cobarde soy! Volví a dejar escapar la oportunidad. Pero me parecía egoísta molestarle con mis propios asuntos, cuando tiene tanto en qué pensar. Y tan rara vez tenemos una noche a solas.»

¿Qué significaba eso?

Ah, aquí estaba la explicación: se refería a su trabajo en el East End.

«Reuní el valor y hablé con Gilbert por fin. Era tan amable, tan bueno. No hizo objeción.»

Recordaba esa conversación. Le había dicho que se sentía tan ociosa, tan inútil. Deseaba tener algún trabajo propio. Quería hacer algo —se había sonrojado tan hermosamente, recordó él— para ayudar a los demás.

Él le había bromeado un poco.

¿No tenía ya bastante con cuidar de él, de su hogar?

Aun así, si le hacía ilusión, por supuesto que no tenía objeción. ¿Qué era? ¿Algún distrito? ¿Algún comité? Solo debía prometer no enfermar.

Así que parecía que todos los miércoles iba a Whitechapel. Recordaba cuánto odiaba la ropa que llevaba en esas ocasiones.

Pero se lo tomaba muy en serio.

El diario estaba lleno de referencias como estas:

«Vi a la señora Jones… Tiene diez hijos… Mi marido perdió el brazo en un accidente… He hecho todo lo posible por encontrarle trabajo a Lily.»

Se saltó varias páginas.

Su propio nombre aparecía con menos frecuencia. Su interés disminuyó. Algunas entradas no le decían nada.

Por ejemplo:

«Tuve una acalorada discusión sobre el socialismo con B. M.»

¿Quién era B. M.?

No pudo descifrar las iniciales; alguna mujer, supuso, que había conocido en uno de sus comités.

«B. M. lanzó un ataque violento contra las clases altas… Volví después de la reunión con B. M. e intenté convencerle. Pero es tan cerrado de mente.»

Así que B. M. era un hombre —sin duda uno de esos "intelectuales", como se llaman a sí mismos— tan violentos, como decía Angela, y tan cerrados de mente.

Aparentemente, ella lo había invitado a verla.

«B. M. vino a cenar. ¡Le dio la mano a Minnie!»

Ese signo de exclamación dio otro giro a su imagen mental. B. M., al parecer, no estaba acostumbrado a las criadas; le había dado la mano a Minnie.

Presumiblemente, uno de esos hombres obreros dóciles que expresan sus opiniones en los salones de las damas.

Gilbert conocía el tipo y no le gustaba ese ejemplar en particular, fuera quien fuera B. M.

Aquí estaba de nuevo:

«Fui con B. M. a la Torre de Londres… Dijo que la revolución está destinada a llegar… Dijo que vivimos en un paraíso de locos.»

Exactamente el tipo de cosas que B. M. solía decir; Gilbert casi podía oírle.

También podía verlo: un hombrecito rechoncho, con barba áspera, corbata roja, vestido con tweed, que nunca había trabajado de verdad en su vida.

¿Seguro que Angela tenía el sentido común de darse cuenta?

Siguió leyendo.

«B. M. dijo cosas muy desagradables sobre…»

El nombre estaba cuidadosamente tachado.

«Le dije que no iba a escuchar más abusos de…»

De nuevo el nombre borrado.

¿Podría ser su propio nombre?

¿Era por eso que Angela cubría la página tan rápido cuando él entraba?

Ese pensamiento aumentó su creciente aversión hacia B. M.

Había tenido la impertinencia de hablar de él en esa misma sala.

¿Por qué Angela nunca se lo había contado?

No era propio de ella ocultar nada. Había sido el alma de la franqueza.

Pasó las páginas, identificando cada referencia a B. M.

«B. M. me contó la historia de su infancia. Su madre salió a carbonizar… Cuando lo pienso, apenas puedo soportar seguir viviendo en tal lujo… ¡Tres guineas por un sombrero!»

¡Si tan solo hubiera hablado del asunto con él, en lugar de desconcertar su pobre cabecita con cuestiones demasiado complejas!

Le había prestado libros: Karl Marx, La próxima revolución.

Las iniciales B. M., B. M., B. M. se repetían una y otra vez.

Pero ¿por qué nunca el nombre completo?

Había una familiaridad en el uso de las iniciales que no era propia de Angela.

¿Le llamaba así en persona?

Siguió leyendo.

«B. M. vino inesperadamente después de cenar. Por suerte, estaba sola.»

Eso fue hace solo un año.

«Por suerte… estaba sola.»

¿Dónde había estado él aquella noche?

Consultó su libro de compromisos.

Había sido la cena de la Mansion House.

¡Y B. M. y Angela habían pasado la noche solos!

Intentó recordar.

¿La había encontrado despierta?

¿Había vasos sobre la mesa?

¿Las sillas cercanas?

No recordaba nada—nada en absoluto—salvo su propio discurso.

Todo se volvía inexplicable.

Su esposa recibiendo a un hombre desconocido sola.

Quizá el último volumen lo aclararía.

Buscó apresuradamente el diario final.

Allí, en la primera página, estaba de nuevo ese hombre.

«Cené sola con B. M.… Se puso muy alterado. Dijo que era hora de que nos entendiéramos… Intenté que me escuchara. Pero no lo hizo. Me amenazó con que si no lo hacía…»

El resto estaba tachado.

Encima, repetido:

«Egipto. Egipto. Egipto.»

No podía leerse nada más.

Pero solo podía haber una interpretación: el sinvergüenza le había pedido que fuera su amante.

¡En su propia casa!

La sangre subió al rostro de Gilbert Clandon.

Pasó las páginas rápidamente.

¿Cuál había sido su respuesta?

Las iniciales desaparecieron. Ahora era simplemente «él».

«Ha venido otra vez. Le dije que no podía tomar ninguna decisión… Le rogué que me dejara.»

Se había impuesto.

¿Y por qué no se lo había contado?

¿Cómo pudo dudar?

Luego:

«Le escribí una carta.»

Después, páginas en blanco.

Luego:

«No respondió a mi carta.»

Más páginas en blanco.

Luego:

«Ha hecho lo que amenazó.»

Y finalmente, el mismo día de su muerte:

«¿Tengo yo el valor de hacerlo también?»

Nada más.

Gilbert dejó caer el diario.

La vio claramente.

De pie en la acera de Piccadilly.

Los ojos fijos. Los puños apretados.

El coche acercándose…

No podía soportarlo.

Debía saber la verdad.

Se dirigió al teléfono.

—¡Señorita Miller!

Silencio.

Luego un leve movimiento.

—Habla Sissy Miller —respondió al fin.

—¿Quién —tronó— es B. M.?

El reloj marcaba los segundos.

Luego un largo suspiro.

—Era mi hermano.

Su hermano.

El hermano que se había suicidado.

—¿Hay —preguntó ella— algo que pueda explicar?

—¡Nada! —gritó—. ¡Nada!

Había recibido su legado.

Le había dicho la verdad.

Ella no había bajado del bordillo para reunirse con su amante.

Se bajó del bordillo para escapar de él.

CONTENIDO